N&K

Melanie Mühl

# Menschen am Berg

Geschichten
vom Leben ganz oben

Nagel & Kimche

Für R.

2 3 4 5 14 13 12 11 10


Herstellung: Andrea Mogwitz und Rainald Schwarz
Satz: Satz für Satz. Barbara Reischmann
Druck und Bindung: Friedrich Pustet
ISBN 978-3-312-00453-9
Printed in Germany

# Inhalt

## In der Höhe

Ich verabscheute die Berge. Als ich Kind war, fuhren wir jedes Jahr dorthin. Wir lebten damals in Stuttgart und hatten es in die Berge nicht so weit wie Menschen aus Norddeutschland. Trotzdem rüttelten unsere Eltern meinen Bruder und mich mitten in der Nacht wach und schleppten uns schlaftrunken ins Auto. Damit wir die Fahrt über Ruhe gaben, flößten sie uns einige Tropfen Atosil ein, das den Wirkstoff Promethazin enthält. Er beruhigt, fördert den Schlaf und dämpft den Brechreiz. Meine Großmutter, die im Erdgeschoss unseres Hauses lebte, buk uns für die Reise einen großartigen Zopf und beschmierte ihn mit Butter, nie mit Marmelade, damit die Polsterung unseres roten Fords nicht verklebte. So fuhren wir los.

Meine Eltern liebten die Berge, besonders, wenn sie Dolomiten hießen und bei St. Magdalena im Villnößtal lagen. Mir flößten ihre Felswände Furcht ein. Jedes Mal wenn wir Pässe hinauf- und hinunterfuhren, wurde mir speiübel, und die Kraft der Gewitter verstörte mich. Ich fühlte mich unbehaust. Damals war ich sechs Jahre alt, klein und zart, die Angst lag mir näher als der Mut. Ich war nicht gemacht für Felsaufschwünge und Gipfeltouren und sehnte mich nach Sand und Meer. Aber bei meinen Eltern war jeder Urlaubstag ein Wandertag. Wir sammelten Gipfelkreuze. Wir brachen auf, als die Sonne noch hinter den Geißlerspitzen hing, und kehrten zurück, als sie verblasste. Mein Vater, der kletterte und über eine ausgezeichnete Kondition verfügte, war bei gutem Wetter bester Laune. Er wusste, zu welcher Uhrzeit wir wo zu sein hatten. Er trieb uns die Kehren hinauf und fragte, ob wir die ersten Kinder beim Gipfelkreuz sein wollten. Er lockte uns mit Wandernadeln für unsere Hüte, mit frischer Milch auf der Hütte und versprach Wasserfälle am Wegesrand. Es war seine Leidenschaft, und es sollte auch unsere werden. Meine Mutter, eine sanfte Frau, zwang sich zur Lockerheit. Oft gerieten meine Eltern in Streit. In den Bergen sah ich meinen Vater die meiste Zeit von hinten. Er lief vorneweg und kürzte gern ab, durch Geröllfelder zum Beispiel. Sah ich ihn mal von vorn, leuchteten seine Augen.

Mein Bruder ist drei Jahre älter als ich. Seine Waghalsigkeit legte er auch in den Bergen nicht ab, worunter ich litt. Er hatte große Freude daran, meine Mutter und mich zu quälen, indem er am Rand des Abgrunds entlangtänzelte. Ich war nicht schwindelfrei und schwitzte vor Angst, während er laut lachte. Irgendwann, dachte ich, würde er abstürzen.

Neulich habe ich meinen Vater besucht, und wir schauten gemeinsam Wanderdias an. Sich selbst als Kind zu sehen, fühlt sich ja immer seltsam an, weil man sich wundert, dass man tatsächlich mal eins gewesen ist. Jedenfalls hatte ich damals blondes, zu Zöpfen geflochtenes Haar und trug eine Wildlederwanderhose. Ich stehe in der Berglandschaft wie hindrapiert, an Felsen gelehnt, auf Pfaden, neben Gipfelkreuzen.

«Ich sehe unglücklich aus», sagte ich zu meinem Vater.

«Unsinn», sagte er, «du bist gern gewandert.»

«Nein. Ihr habt uns auf die Berge getrieben.»

«Wir waren doch jeden zweiten Tag im Freibad.»

«Und warum gibt es dann kein einziges Foto davon?»

Ich erinnere mich an einen Abstieg irgendwo in den Dolomiten. Die Knie meines Bruders schmerzten so sehr, dass er heulte. Er lief den Berg rückwärts hinunter. Danach fuhren wir ans Meer und nie wieder in die Berge.

Heute frage ich mich, warum wir das nicht von Anfang an gemacht haben. Meine Tante lebte in Nizza, in einer geräumigen Wohnung mit einer Terrasse, über die sich die Palmen des Nachbarn bogen. Zum Strand lief man zwanzig Minuten, ein schöner Weg, vorbei an der russischen Kirche, an Obsthändlern, Cafés. Bewegung genügend, fand ich. Jahrelang verlebte ich meine Urlaube dort, vorzugsweise auf einer gepolsterten Liege am Meer, die man überall mieten konnte. Hatte man Hunger oder Durst, kam ein Kellner. Zum Essen musste man sich allerdings aufsetzen. Lange Zeit achtete ich darauf, dass es dort, wo ich hinreiste, in unmittelbarer Nähe keine größeren Erhebungen gab. Ich ließ mich im Auto durch die Gegend fahren, die mal in Frankreich lag, mal in Italien. Ich dachte, man könne einer Landschaft auch auf diese Weise nah sein.

Vor einiger Zeit schenkte mir der Mann an meiner Seite eine Reise. Er verschwieg das Ziel, es sollte eine Überraschung werden, wovon ich wenig halte. Wir kannten uns erst kurze Zeit, die Geschichten aus der Kindheit waren noch behütete Geheimnisse. Wir fuhren ins Prättigau, nach Klosters, wo er ein kleines Chalet gemietet hatte. Je tiefer wir in die Berge hineinfuhren, desto höher wuchsen sie. Meine Irritation überspielte ich und verstand den Ausflug als Prüfung.

Der September neigte sich seinem Ende zu. Die Temperaturen stiegen noch einmal auf zwanzig Grad, und über die Berghänge spannten sich goldgelbe Kiefernwälder. Es sah derart idyllisch aus, dass es ins Kitschige abglitt. Es ist ein schöner Urlaub gewesen.

Ich weiß nicht mehr genau, warum, aber im darauffolgenden Sommer reisten wir nach Südtirol, ins Grödner Tal, später oft in die Schweiz, ins Wallis, nach Graubünden, stets in die Berge. Es ergab sich so, und ich wehrte mich nicht dagegen, nur wunderte ich mich. Ich hatte die Berge als Kind verlassen, und als erwachsener Mensch kam ich zurück. In den Jahren dazwischen musste sich mein Inneres auf ihre Mächtigkeit eingestellt haben. Nun fühlte ich mich ihnen gewachsen.

Mit der Zeit begeisterte mich, was mich früher bedrückte: dass die Berge einem den Blick in die Weite verstellen. Von ihrem Fuß aus betrachtet, existiert kein Horizont und manchmal nur ein Fetzen Himmel. Die Berge lenken den Blick nach oben, als wollten sie uns zeigen, dass es etwas Höheres gibt, was nicht unbedingt mit Gott zu tun haben muss. Diese Vorstellung gefällt mir. Ich begann mich zu fragen, was die Berge wohl im Innern der Menschen auslösen, die in ihnen leben. Wie sich ihre Haltung zum Berg und ihre Sicht auf ihn von meiner unterscheiden. Diese Fragen ließen mich nicht mehr los. Sie schoben sich ins Zentrum meiner Faszination.

Wenn ich mich in einer Ebene bewege, vermisse ich die Orientierungspunkte. Meine Blicke suchen nach Halt und verlieren sich in der Endlosigkeit. Vielleicht ordnen sich meine Gedanken deshalb in den Bergen zu einer solchen Klarheit, weil sie nirgendwohin fliehen können.

Heute bin ich noch immer nicht schwindelfrei, aber ich versuche es zu werden. Bergtouren wähle ich danach aus, ob man unterwegs auf eine ausgesetzte Stelle stößt, obwohl ich weiß, dass mir der unvermittelte Blick in die Tiefe Beklemmungen bereitet. Es ist ein Test. Ich fordere mich selbst heraus, um mich zu erfahren. Manchmal gewinnt der Berg, manchmal ich.

Einmal bestand die Probe aus einem fünfzig Meter hohen Felsaufschwung, mit Drahtseilen gesichert, nichts Dramatisches eigentlich. Doch bei der dritten Stufe zitterten meine Beine, ich verlor die Kontrolle über sie. Nie zuvor hatte ich erlebt, dass Kopf und Körper so weit voneinander entfernt sein können. Ich kehrte um.

Eine Landschaft weckt tiefe Empfindungen, sobald sie zum Spiegel wird und uns etwas über uns selbst verrät. Das tun die Berge. Deshalb kehre ich immer wieder zu ihnen zurück.

## Die Hüter des Berges

Hier oben auf dem Berg sind die Nächte so schwarz, dass alles verschwindet. Der Hof. Der Stall. Der kurze Weg zum Stall. Die wenigen Bäume, die in der Gegend herumstehen, als hätte sie jemand hier vergessen. Die Güllegrube, verschluckt von der Dunkelheit.

Ihr Tag beginnt trotzdem. Sie steht im Stall, trägt eine dünne Jacke und vom Schlaf zerzaustes Haar. Sie heißt Regula Wehrli. Über den Hof geht ein eisiger Wind, aber die Kälte macht ihr nichts aus, und das Vieh lässt nicht mit sich handeln. Sie füllt einen Eimer mit Futter. Das Futter bekommen die Ziegen. Einundzwanzig sind es, die durch den Winter gebracht werden müssen. Vor ein paar Tagen kamen noch elf Jungtiere dazu. Braun-weiß gescheckte Wollknäuel, die auf dürren Beinen stehen und wie Stofftiere aussehen. Sie nennt sie Gitzis. Die Ziegen kriegen Getreide, Zuckerrübenschnitzel und junges Heu. Sie sind zahm und anhänglich, aber ohne jede Unterwürfigkeit, und genau das mag Regula an den Ziegen.

Sie sagt: «Ziegen sind fast wie Haustiere.»

Den Ziegen gegenüber stehen zehn Mutterkühe, ihr Fell glänzt silberfarben im trüben Licht. Rätisches Grauvieh, die Schweizer Urrasse. Die Tiere sind kleiner als die braunen Kühe und können aggressiv werden, untereinander oder dem Menschen gegenüber, je nachdem. Um die Kühe kümmert sich Roger. Roger ist Regulas Mann. Er mistet den Stall aus, er füttert die Kühe mit Heu und Silage. Ein großer, schlanker Mann Anfang fünfzig, mit gewaltigen Händen und einer dunklen Stimme, die gern erzählt. Früher saß er oft auf der Weide unter den Kühen, er hörte ihnen beim Wiederkäuen zu und blickte in die Ferne. Das entspannte ihn. Heute hat er dafür keine Zeit mehr.

Er sagt: «Kühe sind die Tiere, mit denen ich am längsten in meinem Leben zu tun habe.»

Sie hat die Ziegen, er hat die Kühe. Keiner redet dem anderen drein. Sie kommen einander nicht in die Quere. Jeder macht stumm seine Arbeit, nichts, worüber sie sprechen. Man könnte auch sagen, die beiden sind gut aufeinander eingespielt. Sie haben ja nur sich, die Kinder und die Tiere.

Die Berge des Jura sind mild und undramatisch. Von Biel windet sich die Straße hinauf nach Les Prés d'Orvin, ein Dorf mit einer Handvoll Läden und niedrigen Häusern, es verschwindet beinahe in der Landschaft. Man lässt es hinter sich, biegt rechts ab und folgt der Naturstraße bis zu ihrem Ende. So gelangt man zum Hof der Wehrlis.

Der Hof liegt auf 1250 Metern mit weitem Blick über das einsame Land. Lächerlich, diese Höhe für die Alpen, denkt man. Hier muss sich die Natur von ihrer freundlichsten Seite zeigen. Bestimmt heißt sie die Menschen mit offenen Armen willkommen. Aber das tut sie nicht. Im Gegenteil. Keine Menschenseele wollte einst freiwillig hierher, des rauhen Klimas wegen, und so ist der Jura die letzte Region der Schweiz gewesen, die besiedelt wurde. Früher schickten sie die Sträflinge, die Räuber und Mörder. Heute leben die Wehrlis hier. Neben den Kühen und den Ziegen haben sie sechs Katzen, einen Hirtenhund, drei Zwerghühner und einen Zwerghahn. Der Hahn hat einen absurd kurzen Kamm. Hähne mit längeren Kämmen sind einfach nicht gemacht für den Berg, die Kämme würden einfrieren im Winter. In einem großen Schuppen stehen Traktor, Schneefräse, Wiesenhexe, Kreiselschwader und ein Dutzend andere Geräte. Darüber lagern die Wehrlis ihr Stroh, das sie aus Frankreich beziehen, zehn Tonnen für jeden Winter. Die inländischen Preise sind in den vergangenen Jahren in die Höhe geschossen, in den letzten zwölf Monaten haben sie sich sogar verdoppelt, da die Schweiz den Strohbedarf ihrer Bauern nicht mehr decken kann.

Während der Sömmerung, von Ende Mai bis Mitte September, kommen zu den Tieren der Wehrlis noch zweihundertfünfzig Rinder hinzu. Bauern aus dem Tal geben sie hoch auf den Berg, in die Hände der Hirten, und die Wiesen, die frei dadurch werden, bewirtschaften sie dann.

Draußen hinter dem Stall bricht ein neuer Tag an. Drinnen melken sie die Ziegen.

Fiona ist fünf Jahre alt, ihr Skianzug muss irgendwann mal rosa gewesen sein. Seit sie drei ist, hilft sie ihrer Mutter beim Melken, inzwischen ist sie nicht weniger geschickt. Andere Kinder frisieren in diesem Alter ihre Barbies, Fiona hockt hinter einer Ziege. Es kostet Kraft, alles rauszuholen aus den Eutern. Nicht jede Ziege will gemolken werden, manche treten, andere legen sich hin und schreien. Fiona ist das egal, bei ihr kapitulieren sie alle. «Lueg», sagt sie und drückt einen weißen Strahl aus der Zitze.

Letztes Jahr, als die Ziegen trächtig waren, da sagte Fiona eines Abends beim Essen: «Die Mia, bei der ist es bald so weit.» Ihre Eltern lachten und schüttelten den Kopf, so wie man eben den Kopf schüttelt, wenn Kinder Unsinn erzählen.

Am nächsten Tag wurden sie eines Besseren belehrt.

Ihre Mutter sagt: «Sie hat eine Begabung für Tiere.»

Julie, Fionas kleine Schwester, sitzt auf dem Arm ihres Vaters. Sie ist zwei Jahre alt, ihr Haar ist blond, das Gesicht puppenhaft. Mit den Ziegen hat sie nicht viel zu schaffen. Sie sind ja noch größer als sie.

Roger sagt: «Ziegen sind gute Tiere. Entweder sie sind gesund, oder sie sind tot.»

Seit dreißig Jahren lebt er auf der Alp, seit fünf auf dem Leubringenberg. Er hat eine kaufmännische Lehre absolviert, aber er hat danach keinen einzigen Tag im Büro gesessen. Er muss seine Hände spüren. Er war Maler und Lackierer, er jobbte, wo immer es sich ergab, und Ende der siebziger Jahre, als er und seine erste Frau von einer langen Afrikareise zurückkehrten, da wussten sie, Zürich, das ist nicht mehr unser Zuhause. Zu dieser Zeit galt es in der Alternativszene als schick, auf die Alp zu gehen, und so gingen auch Roger und seine Frau. Ein Jahr, hatten sie damals gesagt. Es wurden achtzehn. Als Rogers Frau später starb, blieben seine Tochter, sein Sohn und er allein auf dem Berg zurück. Tochter und Sohn leben heute in der Stadt.

Regula hat sich ins Haus zurückgezogen. Sie ist Ende

dreißig, ihre Augen sind hell und sanft, es fällt schwer, sich diese Frau wütend vorzustellen. Ihr Gesicht hat etwas Versöhnliches. Sie sitzt am Schreibtisch, oben im ersten Stock, wo der Holzboden keinen Schritt unbemerkt lässt, in einem kleinen Arbeitszimmer mit Computer, das gleichzeitig Wäsche- und Bügelzimmer ist. Sie sortiert Rechnungen, die Buchhaltung ist ihre Sache.

Früher hat sie als Ergotherapeutin in einer Rehaklinik am Bielersee gearbeitet. Sie hat sich um Menschen mit Schädel-Hirn-Trauma gekümmert, acht Jahre lang. Sie mochte ihren Beruf, aber irgendwann zog sie auf einen Bauernhof, weil sie einen Ausgleich brauchte, bis sie merkte, das dort ist ihr Leben. Sie lernte Alplandwirtin, verdiente im Sommer ihr Geld als Hirtin, im Winter als Redakteurin einer Landwirtschaftszeitung. Bei einer Tagung über die Zukunft des Landwirts lernte sie Roger kennen. Das war 1999.

Regula sagt: «Wir halten uns schon lange aus.»

Beobachtet man die beiden, könnte man meinen, sie gingen kühl miteinander um. Sie berühren einander nicht, keine Hand, die sich auf die Schulter des anderen legt, kein Kuss, kein Wangenstreicheln. Es ist die Art, wie sie miteinander reden, die ihre Nähe verrät. Nichts bleibt unausgesprochen zwischen ihnen, das hat etwas Schonungsloses. Aber sie haben kein Geheimnis voreinander.

Im Tal sind Liebesbeziehungen eine Herausforderung, auf dem Berg sind sie eine Kunst. Niemand da, der den anderen auffängt. War der Tag schlecht, war er das für beide. Läuft etwas schief, dann für beide. Macht einer einen Fehler, geht es auch den anderen etwas an. Zwei Menschen auf einem Berg, die alles untereinander austragen. Damit muss man leben können.

«Warum sollte man sonst zusammen sein, wenn man nicht existentiell aneinandergekettet ist?», fragt Regula.

Genau daran aber scheitern so viele Beziehungen auf dem Berg. Die Menschen kommen einfach nicht zurecht damit, ständig für den anderen verantwortlich zu sein.

Vor dem Fenster ziehen graue Wolken vorüber, der Wetterbericht sagt, es soll Schnee geben. Regula sagt: «Ich mag Winter.» Weil man Dinge erledigen kann, für die man im Sommer keine Zeit hat. Den Traktor warten zum Beispiel. Oder Holz schlagen. Oder die Straße reparieren. Sie nennt das wegarbeiten.

Kann aber auch sein, dass der Winter die Wehrlis Tag und Nacht quält. Dann geht es immer gleich ums Ganze, um Leben und Tod. Wie vor zwei Jahren, als sich der Himmel zu entleeren schien. Es hörte einfach nicht mehr auf zu schneien. Der Schnee schloss sie ein und von der Außenwelt ab. Als habe die Natur beschlossen, ihnen eine Lektion zu erteilen. Damals hatten sie noch den alten Traktor, den mit dem schwachen Schneepflug. In den schlimmsten Nächten kroch Roger um zwei Uhr aus seinem Bett. Der Weg zum Futterlager musste frei bleiben. Die Lebensader. Siebenhundert Meter liegt das Lager entfernt. Einmal hat Roger sechseinhalb Stunden Schnee gefräst. Dann blieb der Traktor stumm, und der Weg schneite zu. Sie spürten ihre Kräfte schwinden, sie bekamen Angst, es nicht zu schaffen, überwältigt zu werden von der Natur. Die nächsten Tage fütterten sie jedes Mal ein bisschen weniger. Es wurde knapp, die Tiere mager. Aber es reichte.

Haben sie die Natur nicht verflucht, so übel, wie sie ihnen mitgespielt hat?

Roger sagt: «Die Natur lehrt uns Demut. Sie reagiert nicht auf dich, du musst auf die Natur reagieren. Sonst bist du verloren.»

Kein Hass. Kein Zorn. Nichts. Als der Winter dem Frühling Platz machte, haben sie sich einen neuen Traktor gekauft, mit einem gigantischen Schneepflug. Im Kofferraum ihres Autos liegt eine Motorsäge, damit sie nach einem Unwetter die Straße freiräumen können, wenn sie Fiona in den Kindergarten nach Les Prés d'Orvin bringen. Im Haus haben sie eine Viehapotheke, damit sie kranke Tiere selbst behandeln können. Es würde sie auf Dauer einfach zu teuer kommen, bei jeder Euter- oder Zwischenklauenentzündung den Tierarzt aus dem Tal zu rufen. Sie haben alles so eingerichtet, dass sie auf niemanden angewiesen sind.

In diesem Jahr ist der Winter gnädig. Bisher. Auf den Wiesen haben sich ein paar Schneeinseln gebildet, als hätte jemand Papier in Fetzen gerissen und über dem Land verstreut. Drum herum braunes Gras. In der Ferne der Bergriese Eiger, daneben Mönch und Jungfrau, verschwommen, wie hinter beschlagenem Glas. Die Wehrlis sitzen an einem langen Holztisch, Regula, Roger und die beiden Kinder. Es ist ein Uhr am Mittag. Die Stube ist groß und zweckmäßig, mit gefliestem Boden, offener Küche, einem Kamin und einer Couch, auf der sich die Spielsachen türmen. In diesem Haus ist kein Platz für Alpenromantik, wozu auch. Es gibt Schmorbraten, Kartoffelgratin und grünen Salat. Die Lebensmittel lagern die Wehrlis im Keller, wo ein gigantischer Kühlschrank steht und daneben eine Kühltruhe, in die ein ganzes Schwein hineinpasste. Es sind immer reichlich Vorräte da.

Regula sagt: «Ich muss jederzeit Brot backen können.»

Das Nötigste kauft sie in Les Prés d'Orvin ein, in einem kleinen Laden, wenn sie Fiona in den Kindergarten bringt. Hat Fiona Ferien wie in diesen Tagen, fährt sie manchmal runter nach Biel. Nach dem Mittagessen muss Roger in die Stadt hinunter, zum Arzt, wegen seiner Schulter, die ihn seit Monaten schmerzt, und wegen der er nachts den rechten Arm hinter seinem Kopf anwinkelt, weil er anders nicht schlafen kann. Die Schulter könnte das Unglück der Wehrlis werden. Es ist nicht vorgesehen auf dem Berg, dass etwas nicht funktioniert, sei es der Traktor, sei es die Schulter. Zu zweit können sie es immer irgendwie schaffen. Allein hat jeder von ihnen verloren. Das macht ihr Leben so unmenschlich.

Es ist Nachmittag geworden, aber windig geblieben. In der Küche verarbeitet Regula eine feuchte Masse Frischkäse. Sie formt kleine Kugeln und legt sie auf eine Waage. Acht Gramm dürfen die Kugeln wiegen, ein bisschen mehr geht auch, nur weniger geht nicht. Die Kugeln würzt sie mit Pfeffer, Kräutern oder einer Paprikamischung, dann kommen sie in ein Joghurtglas. Das Glas füllt Regula mit Öl. Später zieht sie über jeden Deckel ein Tüchlein, darum ein Band, zu einer Schleife gebunden, und klebt ein Etikett auf das Glas. «Damit es besonders aussieht.» Erst dann ist es ihr Käse. Mit dem Käse im Kofferraum fährt sie nach Biel und beliefert ein paar kleine Läden. Im Sommer sind es mehr, im Winter weniger. Zu ihren Kunden zählen auch Campingplätze wie der am Murtensee. Eine Stunde ist sie unterwegs dorthin, für wenige hundert Gramm. Vor einigen Jahren wünschten sich die Kunden Käse, der auf gar keinen Fall nach Ziege schmecken durfte. Jetzt muss er nach Ziege schmecken. Dieses Jahr hat sich Regula auf den Weihnachtsmarkt gestellt mit ihrem Käse. Das Geschäft lief schlecht. Auf dem Weihnachtsmarkt kaufen die Menschen lieber gebrannte Mandeln.

Eine Tonne Käse produziert Regula im Jahr. Die muss sie bis zum Frühlingsanfang vermarkten, dann beginnt die neue Produktion. Sie stellt ihren Käse nach traditioneller Tessiner Technik her. Sie könnte die Käsemasse auch in Formen geben, das ginge schneller, aber sie gibt sie in Tücher und lässt sie einen Tag abtropfen, so verliert sie Feuchtigkeit, und das lässt den Käse länger halten. Sie denkt nicht wie ein Ökonom, sie stellt sich lieber vor, wie ihr Käse am Ende schmeckt. «Eben besser als andere», sagt sie. In Wahrheit ist ihr Käse ein Luxusprodukt, aber davon will sie nichts wissen, da schüttelt sie den Kopf, er ist ein Lebensmittel, jeder soll ihn kaufen können.

Spät am Nachmittag kehrt Roger aus der Stadt zurück. Er sieht müde aus. Der Ausflug war umsonst, zumindest für die Schulter. Kurz bevor ihn der Arzt in die Röhre schieben wollte, fiel Roger sein schwerer Motorradunfall ein. Seither halten Metallplatten sein Gesicht zusammen. Die magnetischen Schwingungen in der Röhre hätten die Metallplatten verschoben. Kommen Sie morgen wieder, hat der Arzt gesagt. Aber morgen hat Roger keine Zeit, da muss er Brennholz hacken und das Badezimmer streichen. Vielleicht in vier Wochen. Vielleicht auch erst in acht. Aber das hat der Arzt nicht verstanden.

Eigentlich fährt Roger gern in die Stadt hinunter. Er nimmt sich immer etwas vor für diese Ausflüge, einen Kaffee trinken, auf den See gucken, durch die Stadt schlendern, Leute beobachten. Doch kaum ist er da, will er wieder fort, zurück auf den Berg. Er sagt: «Ich finde den Faden nicht.»

Als könne er sich in den Rhythmus der Städter nicht einfädeln. Auch Regula findet den Faden nicht. «Zu viele Menschen», sagt sie. Zu viele unvertraute Gerüche außerdem. Man muss nur lange genug auf dem Berg leben, dann ist die Stadt eine merkwürdige Welt, und mit dieser Welt kommen die Wehrlis nicht mehr zurecht.

Die Schweiz ist in Bergzonen unterteilt, von Stufe eins bis Stufe vier. Je höher die Stufe, desto härter haben es der Bauer und sein Vieh und desto mehr Direktzahlungen bekommt er. Kategorie vier, das heißt, sich ganz weit nach oben trauen in die Alpen, an Hängen stehen, die so steil sind, dass einem schwindlig wird.

Der Jura fällt in die Kategorie drei. Das hat seine Gründe. Zum Beispiel der Boden, mit ihm haben die Menschen kein leichtes Spiel. In manchen Gebieten ist die Erde nur fünfzig, sechzig Zentimeter tief, und schon stößt man auf porösen Kalk. Im Sommer verbrennt das Gras nach wenigen heißen Tagen. Regnet es heftig, schwimmt die Weide davon. Die Tiere stehen dann knöcheltief im Sumpf. Sie werden krank, ihre Klauen entzünden sich. Oder der Wind. Er kommt von Westen, weht ungebremst über die Ebene. Im Bündnerland sind die Berge über drei-, viertausend Meter hoch und bieten Schutz. Hier schützt einen niemand.

Ohne Direktzahlungen würden die Wehrlis zwei Jahre überleben. Dann wären sie bankrott. Das macht sie ratlos, dass sie für die Direktzahlungen arbeiten. Es verletzt ihren Stolz. Sie verstehen nicht, warum ihr Käse und ihr Fleisch so wenig wert sind, dass es nicht zum Leben reicht. «Das ist doch verrückt», sagen sie.

Menschen wie die Wehrlis sind die Hüter der Alpen. Man könnte auch sagen, sie sind Landschaftsgärtner. Für den, der auf dem Berg lebt, ist das ein Schimpfwort. Dabei ist es gar nicht als Schimpfwort gemeint. Dort, wo es keine Hirten mehr gibt, holt sich die Natur das Land zurück, das der Mensch ihr mühsam abgerungen hat. Der Wald kommt und nimmt sich pro Sekunde eineinhalb Quadratmeter Schweiz, das sind jeden Tag zehn Fußballfelder und im Jahr eine Fläche so groß wie der Thunersee. Täler und Almwiesen verschwinden, mit ihnen die Vielfalt der Arten. Gingen die Wehrlis, wäre auch der Leubringenberg bald ein anderer. Die Schweiz, die wir kennen, ist ein künstliches Produkt. Ihr Aussehen hat der Mensch ihr verliehen.

Am frühen Abend stehen die Wehrlis wieder im Stall. Füttern, Ausmisten, Melken. Zwei Stunden lang. Die Nacht kündigt sich an und greift nach der Alp. Die Kühe sind aggressiv, sie haben schon den Frühling gerochen, doch der hat sich nur kurz blicken lassen. Früher, als man die Tiere im Stall noch angebunden hat, hätte der Hirte sie besänftigt, er hätte sie gestreichelt und irgendetwas zu ihnen gesagt, es hätte geholfen. Früher hat man ihnen auch Schnaps eingeflößt, damit sie sich beruhigen. Es waren ja nicht viele, und der Hirte kannte jedes Einzelne von ihnen. Und jedes Einzelne kannte den Hirten. Heute laufen sie frei durch den Stall, weil es das Gesetz so will, welches in Beamtenstuben geschrieben worden ist, weit weg vom Berg. Der Mensch berührt das Tier nicht mehr aus Zuneigung, sondern nur noch, wenn er muss. Darüber sind sie einander fremd geworden. «Die Vertrautheit ist weg», sagt Roger.

Im Tal sind aus den Ställen Industrieanlagen geworden, in denen Kühe wie auf einer Autobahn zu Stationen laufen, wo sie von Robotern gemolken werden. Kälber wachsen von ihren Müttern getrennt in eigenen Ställen auf. Bis sie als junge Rinder zur Sömmerung auf den Berg getrieben werden, haben sie mehr mit Maschinen zu tun als mit Menschen. Dann treffen sie auf den Hirten. Er ist der Erste, der sie anfassen muss. Er muss sie hüten und behandeln, wenn sie krank sind, er muss sie am Strick nehmen und in den Stall führen, wo sie künstlich besamt werden, damit sie später kalben und als Milchkühe dem Bauern Geld bringen. Aber die Tiere sind den Menschen nicht gewohnt, sie stoßen und treten nach ihm, es ist lebensgefährlich, und diese Arbeit nimmt dem Hirten keine Maschine ab. Der Fortschritt hat das Leben der Wehrlis an manchen Stellen erleichtert, er hat es aber auch an vielen erschwert.

Im Sommer kommen die Touristen. Ist das Wetter schön, fallen sie über den Berg her und trampeln über das Grundstück der Wehrlis, als wäre es ihr eigenes. Vielen von ihnen ist das Gefühl für die Natur, in der sie sich bewegen, abhandengekommen, ebenso wie für die nötige Distanz zu den Menschen, die in dieser Natur arbeiten und leben. Manche denken, die Alp der Wehrlis ließe sich wie ein Museum besichtigen, dabei liegt sie nur zufällig auf einer Wanderroute. Es passierte, dass die Menschen Decken ausrollten, im Schatten des Traktors picknickten, einen Mittagsschlaf hielten. Dass sie mit dem Hund, mit dem die Wehrlis arbeiten, spielten, was er nicht gewohnt ist, und woran er sich auch nicht gewöhnen soll. Darüber könnte er seine Aufgabe vergessen. Manchmal spazierten sie sogar ins Haus der Wehrlis, weil sie eine Toilette suchten oder Schutz vor einem Gewitter. Einmal kam eine Frau mittleren Alters des Weges. Sie trug eine beigefarbene Hose und eine sehr teure Windjacke. Sie sagte zu den Wehrlis, dass sich ihre Faulheit mittlerweile bis ins Tal herumgesprochen habe. Dazu muss man wissen, dass die Menschen, die die Alp vor den Wehrlis führten, wohlhabend gewesen sind und ein kleines Restaurant unterhielten. Die Wehrlis aber wollten ursprünglich gar kein Restaurant eröffnen, sie wollten ganz für sich bleiben, deswegen sind sie ja vom Tal auf den Berg gezogen. Mit den Tieren und dem Land haben sie Arbeit genug. Doch irgendwann konnten sie dem Druck der Touristen nicht länger standhalten. Jetzt stellen sie die Sommermonate über jemanden ein, der die Wanderer bekocht und bedient. Zufriedener hat sie diese Entscheidung nicht gemacht.

Früher hätten den Berg, auf dem sie wohnen, zehn Leute bewirtschaftet. Heute sind sie noch zu zweit. Die Hektik, der sie entkommen wollten, ist ihnen gefolgt. Sie halten jetzt mehr Tiere, als man früher hielt, sie vermarkten Käse, sie bekommen die Direktzahlungen, und im Sommer betreiben sie auf ihrem Hof eine Gastwirtschaft, und trotzdem kann sie der Berg nicht ernähren. In Wahrheit haben die Wehrlis das Gefühl, ihr Leben sei mit den Jahren immer härter geworden.

Am Abend gibt es Käse und Schinken, Brot und Müsli. Man blickt in erschöpfte Gesichter. Die Wehrlis haben keine Lust, noch das Stroh aus den Haaren zu kämmen, und so sitzt es dort. Die Kinder sind auf der Couch eingeschlafen, ihre Schneeanzüge liegen auf dem Boden.

Vor fünf Jahren waren Regula und Roger das letzte Mal aus, nur sie und er, romantisch, mit Kerzenschein. Einmal im Jahr, im Herbst, wenn es klappt, fahren sie zu viert ans Meer, nach Italien, immer in denselben Ort. Aber wenn ein Tier krank wird oder ein Unwetter die Straße wegspült, dann klappt es nicht. Dann müssen die Wehrlis ein ganzes Jahr warten. Ein Jahr ohne Sonnenbaden am See. Ohne ein Wochenende für sich. Ohne Ausflüge, Kino, Theater. Ohne einen Tag Urlaub. Ein Jahr voller Entbehrungen.

Man fragt sie, wie sie das aushalten.

Da erzählen sie von der Auffahrt auf die Alp. Von dem Augenblick, wenn die Rinder aus dem Tal auf die Weide laufen und die aberwitzigsten Sprünge vollführen, aus purer Freude am saftigen Gras. Sie sagen, das sei schöner als Weihnachten, und ihre Augen leuchten. Sie erzählen von dem Tag, an dem sie das letzte Heu einfahren, und sie wissen, jetzt kann der Winter kommen, die Tiere haben zu fressen, wir sind bereit. Sie erzählen von der Ruhe, die einkehrt, wenn man mit der Natur und sich selbst Freundschaft geschlossen hat. Von dem wohligen Gefühl, dass der Mensch neben einem jede Schwäche durchschaut und trotzdem bleibt. Von der Freiheit, auf nichts als die eigene Stimme hören zu müssen. Sie sagen, die Tiere und der Berg brauchen uns.

Es ist ja sonst keiner da.

## Wenn das Eis geht

Es gibt verschiedene Möglichkeiten, sich mit dem Klimawandel zu beschäftigen. Man kann zum Beispiel so tun, als beobachte man von einem geschützten Ort aus, wie sich unsere Welt verändert, wie Flutkatastrophen, Hitzewellen und Tornados immer häufiger Verwüstungen anrichten, wie der Meeresspiegel steigt und die Pole und Gletscher schmelzen. Man kann also so tun, als sei die Klimaerwärmung zwar ein globales Problem, das einen selbst jedoch nicht betrifft, was naturgemäß unmöglich ist. Man müsste dafür schon ins Weltall fliegen, denn auf der Erde gibt es keinen geschützten Ort mehr. Viktor Brantschen, ein freundlicher älterer Herr, sieht das anders. Er sagt: «Im letzten Jahr mussten meine Frau und ich kein einziges Mal den Garten gießen, so oft hat es geregnet.» Viktor Brantschen glaubt, dass sich die Klimaexperten täuschen, zumindest, was seine Heimat, Randa, betrifft, deren Präsident er zwanzig Jahre lang gewesen ist, beim Rest der Welt dagegen stimmt er ihnen zu. Es ist, als würde allein die Nennung des Wortes Klimaerwärmung seine Gemeinde beschädigen, als müsste er sie verteidigen, gegen die düsteren Prognosen irgendwelcher Wissenschaftler. Er nimmt zwar die Zeichen des Klimawandels wahr, aber er deutet sie nicht richtig, vielleicht hält er das Wetter auch für Zufall. Dabei ist die Klimaerwärmung im Wallis offensichtlich. Man muss nirgendwo anders hingehen, um sie zu erklären, man kann in Randa bleiben. Alles lässt sich an diesem Ort zeigen.

Randa ist eine Gemeinde mit vierhundert Einwohnern, sie liegt im Mattertal, neun Kilometer vor Zermatt. Nimmt man die Matterhorn-Gotthard-Bahn, ist Randa die drittletzte Station auf der Strecke, danach kommt Täsch und schließlich der berühmteste Ort der Schweizer Alpen mit dem berühmtesten Berg im Hintergrund. Vielleicht übersehen die Touristenmassen Randa deshalb, weil sie kurz vor dem Ziel ihre Ankunft einfach nicht mehr erwarten können, was ziemlich schade ist. Wüsste man nicht um die Nähe zu Zermatt, man hielte sie für unmöglich, so unberührt wirkt dieses Dorf. Kaum Bausünden, kaum Menschen unterwegs, dafür lauter alte Holzhäuser, wie fallen gelassen. Drum herum blühen Wiesen, auf denen das Gras bis zu den Knien reicht. Irgendwo plätschert ein Brunnen, dazu das Rauschen der Vispa, ansonsten Stille.

Die Natur hat dem Menschen wenig Raum zugestanden an diesem Ort: Das Tal schiebt sich eng zusammen, rechts und links erheben sich die Gipfel, einige mehr als viertausend Meter hoch, das Weißhorn zum Beispiel. Ein Berg wie eine Pyramide, die Spitze aus Schnee und Eis, manche sagen, seine Schönheit könne es mit der des Matterhorns aufnehmen. Bei der Gefährlichkeit kann es das allemal. Die Klimaerwärmung setzt dem Berg zu und zehrt an seinen Gletschern, dem Bisgletscher und dem Hängegletscher der Nordostflanke, der so steil ist, dass sich das Eis am Fels nur halten kann, wenn die Temperaturen unter dem Gefrierpunkt liegen. Tun sie das nicht, rutscht der Gletscher ab. Er rutscht allerdings auch ab, sobald die Eismasse eine kritische Größe erreicht und ihre Festigkeit verliert. So oder so ist die Gemeinde Randa davon betroffen, weshalb der Gletscher in die Kategorie der gefährlichen Gletscher fällt. Um die Menschen vor ihm zu schützen, wird er überwacht.

Die Versuchsanstalt für Wasserbau, Hydrologie und Glaziologie liegt oberhalb von Zürich, mit Blick über Stadt und See, zumindest für die, die im richtigen Büro sitzen. Martin Funk sitzt im richtigen. Es ist groß und kahl, hier und da liegt ein Haufen loser Blätter, auch auf den Stühlen, was nicht nach geordnetem Chaos aussieht, sondern nur nach Chaos. An der Wand hängen zwei Poster, das eine zeigt das Matterhorn, das andere den Mönch. Es ist nicht ganz klar, ob Funk den heutigen Termin vergessen hat, er scheint ein wenig zerstreut, bis er sich erinnert, an das Telefonat und an den Termin. Er ist Professor, Glaziologe und seit dreißig Jahren an der Eidgenössischen Technischen Hochschule Zürich.

Jeden Morgen, wenn die Verbindung funktioniert, erhält Martin Funk per E-Mail ein Foto von der Nordostflanke des Hängegletschers, das eine auf dem gegenüberliegenden Bishorn installierte Kamera aufnimmt. Mal erkennt er auf dem Bild mehr, mal weniger, je nach Wetter. Seit sechs Jahren überwacht er den Gletscher. An diesem Tag scheint im Wallis die Sonne, der Himmel ist wolkenlos, und auf 4500 Metern weht ein kräftiger Wind, der den Schnee am Grat aufwirbelt. Es sieht aus, als sei alles in

Ordnung, und das ist es auch – was nicht am Gletscher liegt, sondern an der Jahreszeit. Der Schnee, der sich im Winter über die Berghänge zieht, ist dem Frühling gewichen, die Sturzbahn des Weißhorngletschers mit Geröll gefüllt. Für die Menschen in Randa bedeutet das, dass im Fall eines Eisabbruchs keine Lawinengefahr besteht, da der Schnee fehlt und die Oberfläche der Sturzbahn nicht glatt genug ist. Für den Glaziologen Martin Funk bedeutet das, dass es keine Rolle spielt, ob er täglich ein Gletscherfoto ansieht oder nur einmal im Monat.

Die gefährliche Zeit dauert von November bis März, niemand käme auf die Idee, den Gletscher in diesen Monaten aus den Augen zu lassen. Es ist nicht so, dass von heute auf morgen Risse in ihm auftauchten, sich Spalten öffneten oder Eis in die Tiefe stürzte, der Gletscher verändert sich langsam, das macht ihn tückisch. «Besonders kritisch können Spalten im Hängegletscher werden, weil sie unter Umständen seine Stabilität bedrohen», sagt Funk. Sie pflanzen sich innerhalb des Gletschers fort, unter der Oberfläche, unsichtbar. Im Grunde verhält es sich mit dem Innenleben des Gletschers wie mit einer Windschutzscheibe, die bei hohem Tempo von einem Stein getroffen wird. Im ersten Moment scheint alles halb so schlimm, bis irgendwann das Glas zerbricht.

Den Zeitpunkt eines Eissturzes vorauszusagen ist eine komplizierte Angelegenheit. Man muss dazu die Fließgeschwindigkeit des Eises messen, auf den Zentimeter genau. Droht ein Stück des Gletschers abzubrechen, nimmt sie zu. Vor vier Jahren, im März 2005, stürzten dreihunderttausend Kubikmeter Eis ins Tal. Martin Funk sagt: «Wir wussten eine Woche vorher, dass es passiert.» Was sie nicht wussten, ist, um wie viel Eis es sich handeln würde. Es gibt noch keine mathematische Formel dafür. Im Dorf hörte man ein Grollen, als kündigte sich ein schweres Gewitter an, aber der Schnee war bereits getaut, und die Menschen befanden sich in Sicherheit. Das letzte Mal, als sie die Natur verstörte, war 1991. Mehr als zwanzig Millionen Tonnen Gestein brachen im April vom Weißhorn ab, donnerten ins Tal und begruben alles unter einer dicken Staubschicht. Sie töteten einige Schafe und Pferde, aber keinen einzigen Menschen.

Die Gletscher der Schweiz bedecken etwa tausend Quadratkilometer Gebirge, eine Fläche, doppelt so groß wie der Bodensee. Seit 1999 ist diese Fläche um zwölf Prozent geschrumpft. Tausendvierhundertsechzig Gletscher gibt es insgesamt, manche größer, manche kleiner, alle ziehen sich zurück. 2003 zum Beispiel, im Jahr des Jahrhundertsommers, als sich die Nächte wie Tage anfühlten, da verlor der Triftgletscher im Berner Oberland mehr als hundertfünfzig Meter Eis, ebenso der Bruneggletscher im Wallis. Die Hitze nahm auch dem Bisgletscher Eis, dem Feegletscher, dem Aletschgletscher, dem Titlisgletscher, dem Zinalgletscher und dem Gornergletscher. Acht Prozent ihres Eises büßten die Alpen damals insgesamt ein. Natürlich versucht man, das Eis vor dem Abschmelzen zu retten, jedenfalls dort, wo Touristen auf ihm Ski laufen, wie in Andermatt. Mehr als zweitausend Quadratmeter Gurschengletscher verpackte die Gemeinde vor ein paar Jahren mit einem speziellen, wenige Millimeter dünnen Flies aus Polyester und Polypropylen, das die Strahlung reflektiert. Auch in Zermatt behalf man sich mit Planen, da die Hitze mitten ins Skigebiet eine unüberwindbare Geländestufe gefräst hatte. Obwohl es dem Gletscher vorübergehend hilft, hat das etwas Verzweifeltes.

Martin Funk sagt: «In hundert Jahren wird ein Großteil der Schweizer Gletscher verschwunden sein.» Die Alpen, die wir kennen, gibt es dann nicht mehr. Sie werden nicht nur anders aussehen, sie werden sich auch anders verhalten und wir uns anders in ihnen bewegen. Das Eis schützt den Berg, es hält ihn zusammen, wie eine Art Kitt, und dieser Kitt löst sich auf. Die Klimaerwärmung legt den Berg frei, Stück für Stück, sie setzt die Felswände der Witterung aus, taut Böden auf und lässt die Permafrostgrenze steigen. Dieser Prozess verläuft nicht graduell, das macht es so schwierig, ihn zu prognostizieren. Kann sein, dass die Stabilität des Berges den Veränderungen in manchen Fällen standhalten wird. Wahrscheinlicher ist aber, dass sie genau das nicht tut. Dass sich der Berg verhält, wie es das Matterhorn im Juli 2003 getan hat. Damals brachen eines Morgens gegen halb elf in einer Höhe von 3400 Metern mehrere hundert Kubikmeter Fels ab, die Normalroute war unpassierbar, der Berg wurde gesperrt, die Alpinisten, die auf ihm unterwegs waren, mussten evakuiert werden. Sie hatten Glück, niemand kam zu Schaden.

«Ereignisse wie dieses wird es in Zukunft häufiger geben», sagt Funk. Ereignisse wie Steinschläge, Murgänge,

Hangrutsche, Permafroststürze. Irgendwann wird es unausweichlich sein, eine Antwort auf die Frage zu finden, wie nah man dem Berg bautechnisch gesehen rücken möchte, und ob es mancherorts nicht besser wäre, die Siedlungen an seinem Fuß aufzugeben. Denn der Berg wird bald mehr Platz benötigen, als man ihm heute gewährt. Auch in Randa.

Leo Jörger ist seit fünf Jahren Gemeinderatspräsident von Randa, dabei hatte er sich gar nicht um das Amt beworben, niemand hatte sich darum beworben. In so einem Fall darf jeder Bürger seine Stimme einer Person seiner Wahl geben. Am Ende gewann Leo Jörger. Er erfuhr davon am Telefon. Weder er noch seine Frau hatte damit gerechnet, keiner der beiden freute sich. Er hätte die Wahl nicht annehmen müssen. Er hätte zum Arzt gehen und versuchen können, sich eine labile Psyche bescheinigen zu lassen oder sonst irgendetwas, aber Leo Jörger lebt seit zweiundzwanzig Jahren in Randa, und er wollte weiterhin dort leben, also nahm er an.

Nach vier Jahren wählte man ihn erneut. «Die Leute erwarten eine zweite Amtszeit», sagt er. Danach aber sei Schluss. Leo Jörger ist sechsundvierzig Jahre alt und das Gegenteil seines Vorgängers. Er wirkt wie jemand, der die Geselligkeit nicht sucht, sein Blick ist nie ganz frei von Skepsis. Er verschließt die Augen nicht vor der Klimaerwärmung, er tut, was er tun kann, selbst wenn es am Ende keinen großen Unterschied machen wird. Gut möglich, dass die Menschen seine Ernsthaftigkeit schätzen und das Wohl ihres Dorfes deshalb in seine Hände gelegt haben. Sie verlangen Leo Jörger viel ab, als hätte er mit seinem Beruf als Revierförster des Tals nicht schon genügend zu tun. Nun muss er schlichten, wenn sich zwei streiten, er muss Sorge tragen, dass die Straßen gewartet werden, die Wanderwege sicher sind und Spezialisten die Gefahren beurteilen, wenn jemand sein Haus in der Nähe eines Berges bauen will. Neulich baten die Besitzer des Kieswerks um eine fünfzehnjährige Verlängerung ihres Pachtvertrags, worüber das Dorf abzustimmen hatte. Das Unternehmen ist ein wichtiger Steuerzahler der Gemeinde, aber neben dem Geld bringt es auch Staub und Lärm. Jene, die in seiner Nähe leben, wünschen sich, es möge verschwinden. Leo Jörger aber war daran gelegen, dass es klappt mit der Abstimmung, und es klappte.

Blickt er hinauf zum Weißhorn, tut er das ohne Sorge. Die Gemeinde halte den Berg in Schach, sagt er. Auf 3200 Metern stellen sich den Lawinen mächtige Verbauungen entgegen, nirgendwo sonst in Europa findet man Schutzvorkehrungen in einer Höhe wie dieser. Hinzu kommen drei Sprengmasten, jeweils acht Meter hoch und von einem Helikopter Anfang Dezember mit zwölf Sprengladungen bestückt, für den Schnee eines Winters. Nur zwei Menschen können eine Sprengung auslösen, Leo Jörger ist einer von ihnen. Er benötigt dafür einen Computer, der in einem Tresor im Keller des Gemeindehauses liegt. «Letzten Winter gab es viel Schnee, wir mussten achtmal sprengen.» Vor jeder Sprengung ruft Leo Jörger seine Bürger an und warnt sie. Niemand darf dann das Haus verlassen, Fenster und Türen müssen verschlossen bleiben, Straße und Bahn werden gesperrt. Fünfzehn Minuten dauert eine Sprengung, ihren Knall hört man im ganzen Tal.

Blickt er hinauf zum Festigletscher, tut er das nicht ohne Sorge. Vor zwanzig Jahren war das anders, da verhielt sich der einen Quadratkilometer kleine Blockgletscher ruhig, so fest war sein Eis gefroren. Im Unterschied zu einem Gletscher übersieht man einen Blockgletscher leicht, man könnte ihn für einen Haufen Schutt halten, drängte sich zwischen das Geröll nicht Eis. Dieses Eis kriecht mitsamt dem Schutt Richtung Tal, umso schneller, je stärker sich das Klima erwärmt. In steilem Gelände wie diesem drohen Murgänge, die zerstörerisch wie eine Lawine sein können. Sie würden die Menschen am Fuß des Berges treffen. Menschen wie Emmi Fux.

Seit acht Jahren lebt Emmi Fux mit ihrem Mann am Rand des Dorfes, in einem alten Walliser Haus, mit dessen Kauf sich das Ehepaar einen Traum erfüllte. Der Garten ist groß, sie halten Enten, Gänse und Hühner darin. Um sie herum nichts als Natur. Niemand sprach von den Gefahren der Klimaerwärmung, als sie das Haus bezogen, mittlerweile liegt ihr Grundstück in der roten Zone, in der eigentlich nicht einmal ein Schuppen stehen dürfte. Leo Jörger hatte die Experten noch zu überzeugen versucht, den Boden der Fux nicht zur Gefahrenzone zu erklären, vergebens. Emmi Fux sagt: «Wir fühlen uns sicher.»

Dort, wo es geht, schonen sie die Natur. Sie bringen keinen Dünger aus oder chemische Mittel, sie mähen die Wiese spät, sie züchten Bienen, und zur Arbeit nach Brig fährt Emmi Fux mit dem Zug. Sie würde in ihrem Garten gerne einen Aprikosenbaum pflanzen, aber dafür ist das Klima zu kalt, vielleicht in ein paar Jahren, sagt sie, wer weiß. Sie sieht lieber die guten Seiten der Klimaerwärmung, nicht die schlechten.

Im Moment ist das Fuxsche Grundstück wertlos. Nächstes Jahr, wenn der Ablenkdamm aufgeschüttet sein wird, ist es das nicht mehr. Die Gefahren des Berges abzuwenden kostet 170000 Franken, von denen der Bund 153000 übernimmt, die Gemeinde 17000. Es sieht so aus, als sei das erst der Anfang.

Das Mattertal ist von hohen Bergketten umstellt, den Walliser Alpen. Sie schirmen das Tal wie eine Festung vor den Tiefdruckgebieten vom Atlantik und aus dem Mittelmeer ab. Die Feuchtigkeit, die diese vor sich herschieben, kondensiert in der Nacht an den vergletscherten Gebirgszügen, die Luft trocknet aus, es fällt wenig Regen, und an mehr als zweihundert Tagen im Jahr scheint die Sonne. Der niederschlagsärmste Ort der Schweiz liegt im Mattertal, auf einer Sonnenterrasse, er heißt Grächen. Die Wiesen um Randa blühen so schön, weil sie künstlich bewässert werden.

Angesichts der Erhabenheit eines Gletschers könnte man seine eigentliche Aufgabe, nämlich die, für einen funktionierenden Wasserkreislauf zu sorgen, beinahe vergessen. Gletscher sind die größten Süßwasserspeicher der Erde. Im Winter sammeln sie Wasser in Form von Schnee, welches sie während der Sommerschmelze wieder freigeben und so die Trinkwasserreservoire der Alpen und deren Flüsse füllen. Da das Eis, welches sie über Hunderte von Jahren angesammelt haben, schmilzt, wird es an Wasser in naher Zukunft nicht mangeln, im Gegenteil, es wird mehr davon geben. Das ist die gute Nachricht. Die schlechte ist, dass in ferner Zukunft, um das Jahr 2100, wenn kaum Gletscher übrig geblieben und die Sommermonate regenarm sein werden, Bäche und Flüsse wie der Rhein weniger und wärmeres Wasser führen werden. Laufkraftwerke oder von Kühlwasser abhängige thermische Kraftwerke werden weniger Strom produzieren können. Das Wallis wird dann noch trockener sein, als es ohnehin schon ist, und die Landwirtschaft von heute unmöglich. Im schlimmsten Fall reichte dann das, was die Bauern dem Boden abringen, nur noch zur Selbstversorgung. Der Hitzesommer 2003 richtete in der Schweizer Landwirtschaft einen Schaden von fünfhundert Millionen Franken an.

Vor zwei Jahren veröffentlichte das Organe consultatif pour le Changement Climatique (OcCC) eine Studie mit dem Titel *CH 2050*, die verschiedene Klimaszenarien für die Schweiz entwirft. Der Klimawandel lässt sich zwar nicht mehr abwenden, doch der Mensch ist ihm nicht hilflos ausgeliefert. Etwas dagegen zu tun liegt in seiner Hand. Bis 2020 zum Beispiel die Treibhausgasemission um zwanzig Prozent zu reduzieren. Der Schweiz rät das OcCC sogar eine Absenkung von sechzig Prozent gegenüber dem Wert von 1990.

Bruno Schädler, Hydrologe vom Geographischen Institut der Universität Bern, ist einer der Autoren der Studie. Er sagt: «Eine wichtige Frage der Versorgung ist, wie man das Wasser der Schneeschmelze vom Frühling am besten in den Sommer hinüberrettet.» Man könne zum Beispiel Stauseen anlegen und diese zur Bewässerung der Felder und Wiesen nutzen, «aber das ist sehr teuer». Eine günstigere Lösung wäre eine Kombination aus Bewässerung und Wasserkraft, dann würde das Wasser erst turbiniert und käme danach der Landschaft zugute.

Schädler ist an einem Projekt in Crans Montana beteiligt, in dem es darum geht, wie das Wasser mittelfristig verteilt werden soll. Seltsamerweise spielt der Klimawandel für die Verantwortlichen dort keine Rolle, stattdessen überlegen sie, wie sich der Tourismus entwickelt, wie viel Land noch zugebaut werden kann und wie der Bedarf für die Pistenbeschneiung sein wird. Aber vielleicht ist das ja ganz normal, 2100 ist eben noch sehr weit weg.

Zur Gemeinde Randa gehören fünfhundert Hektar Wald, von denen neunzig Prozent das Tal vor Steinschlägen und Lawinen schützen. Würde dieser Wald nicht gepflegt, er verschwände schnell. Ihn zu erhalten ist Leo Jörgers oberstes Ziel. Die vergangenen Jahre waren in dieser Hinsicht gute Jahre, es regnete reichlich, die Natur gedieh. Über die Zukunft sagt das dennoch nichts, die Klimadaten belegen, dass die Sommer heißer und trockener werden. Wahrscheinlich waren die neunziger Jahre das wärmste Jahrzehnt der letzten tausend Jahre. Seit 1970 stieg die Temperatur in der Schweiz im Jahresmittel um 1,5 Grad und damit doppelt so stark im Vergleich zum globalen Trend. Bis 2050 rechnen Klimatologen mit einer Erhöhung von zwei Grad im Winter und 2,5 Grad im Sommer, 2100 könnten die Sommertemperaturen sogar um 3,5 bis sieben Grad gegenüber 1990 steigen, es sei denn, die Treibhausgasemissionen gingen deutlich zurück.

Leo Jörger sagt: «Das macht mir Angst.»

Seine Angst gilt nicht den Gletschern, sie gilt dem Wald. In tieferen Regionen ertragen die Föhren die Hitze nicht mehr und sterben, die Südhänge versteppen, die Jungbäume drohen auf dem kargen Boden einzugehen, noch bevor sie einen zweiten Sommer erlebt haben. Insekten, die es warm und trocken mögen wie der Borkenkäfer, werden dem Wald zusetzen. Er wird, wie der in Südeuropa, in Zukunft häufiger brennen, und vielen Arten droht der Verlust ihres Lebensraums. Die Verjüngung des Waldes ist bereits heute ein Glücksspiel, weshalb kein Baum unüberlegt geschlagen wird. Wo die Sonneneinstrahlung stark ist, darf der Wald nicht zu licht sein, wo sie schwach ist, muss er licht sein. Alle vier Jahre überweist der Bund den Gemeinden zum Schutz des Waldes Geld. Der Wald braucht den Menschen nicht, aber der Mensch braucht den Wald. Keine Lawinenverbauung könnte ihn ersetzen.

Vor kurzem kaufte die Gemeinde Randa für den Forstbetrieb des Ortes eine neue Forstmaschine und montierte einen Rußpartikelfilter für zwanzigtausend Franken. Laut Vorschrift wäre diese Investition nicht nötig gewesen. «Wir haben es der Umwelt zuliebe getan», sagt Leo Jörger. Vermutlich beginnen schon im nächsten Jahr die Bauarbeiten für ein Wasserkraftwerk südlich von Randa, an dem sich die Gemeinde beteiligt. Leo Jörger sagt: «Strom ist immer gut.» Er fährt häufig Bahn, er verbrennt seine Gartenabfälle nicht, das tut niemand mehr hier, und seine Urlaube verbringt er in den Walliser Bergen. Das ist sein Beitrag.

## Der Bilderberg

Im Herbst des Jahres 2008 erschien in einem kleinen Berliner Verlag ein Fotoband mit dem Titel *Komm, mein Mädchen, in die Berge*. Zweiundvierzig Bilder, die ein Liebespaar zeigen, fotografiert vor wechselnden Bergkulissen und über drei Jahrzehnte hinweg, von den frühen Fünfzigern bis in die frühen Achtziger. Man sieht zwei Menschen, die gemeinsam alt werden und von deren Liebe zueinander in all den Jahren nichts verlorengegangen scheint. Das Vorwort umfasst wenige Sätze und nennt zwei Initialen: D. und G. Sonst erfährt man nichts über die beiden. Nur das, was man sieht.

Die Niederländerin Andrea Stultiens hat dieses Fotobuch gemacht. Sie ist vierunddreißig Jahre alt, klein und schmal, mit graugrünen Augen, sie lebt in Nimwegen. Ihr Büro ist in einem früheren Fabrikgebäude in der Nähe des Hauptbahnhofs untergebracht, sie teilt es sich mit einem Künstler und einem Webdesigner. Jeder von ihnen hat einen großen Schreibtisch und drum herum einige Quadratmeter Platz. Die Decken sind hoch, zu hoch für die alte Heizung, weshalb es im Winter nie richtig warm wird.

Andrea Stultiens fotografiert selbst, wobei sie darauf achtet, dass hinter ihren Fotos eine Geschichte steht und nicht nur Ästhetik und fotografische Technik. Sie arbeitet auch mit fremden Fotografien, die sie auf Flohmärkten findet oder in Secondhandläden. Keine Reise, auf der sie nicht nach Neuem Ausschau hielte. Manchmal kommt beides zusammen, das Eigene und das Fremde, und dann entsteht etwas, was über die Fotos hinausweist. Das macht die Arbeit von Andrea Stultiens zu etwas Besonderem.

Es muss vor vier Jahren gewesen sein, da erzählte ihr eine Kollegin, sie habe von ihrer Schwester, der ein Geschäft für gebrauchte Möbel und Antiquitäten in Tilburg gehört, zahllose Dias erhalten. Die Aufnahmen zeigten meist langweilige Landschaften mit Bergen, auf manchen aber seien Menschen zu sehen. Ob sie Interesse daran habe. So lernte Andrea Stultiens D. und G. kennen.

Die Kollegin überließ ihr etwa dreitausend Dias in schweren Boxen, die jetzt gestapelt hinter ihrem Schreibtisch in einem Regal stehen. Auf vielen war gar nichts vermerkt, auf wenigen nur zwei Buchstaben, die aussahen wie ein D und ein G. Einige Rahmen waren von Rost überzogen, und es dauerte eine Weile, sie davon zu befreien. Andrea Stultiens hat sich jedes einzelne Bild angesehen, viele mehrmals, sie konnte einfach nicht mehr von dem fremden Paar lassen. «Ich spürte, dass die zwei Menschen besonders gewesen sein müssen, genauso wie ihre Liebe», sagt sie. «Ich hatte einen Schatz gehoben.»

Sie entschied, ein Buch zu machen und dafür Dias auszuwählen, die D. und G. gemeinsam vor Bergpanoramen zeigen. Sie wollte das Leben der beiden auf das reduzieren, was der Kern ihrer Existenz zu sein schien, die Zweisamkeit in den Alpen. Alle anderen Bilder sortierte sie aus. Die Wahl fiel ihr schwer, es waren ja so viele. Nach wenigen

Monaten waren D. und G. so etwas wie Freunde für Andrea Stultiens geworden; sie hatte das Gefühl, sie gekannt zu haben, so tief schaute sie hinein in dieses fremde Leben. Der Frau fühlte sie sich besonders nahe, sie erinnerte sie an ihre Großmutter, an der alles rund und weich gewesen war. Ihr Tod liegt noch nicht lange zurück. «Ein wundervoller Mensch», sagt sie.

Andrea Stultiens hat sich nicht ausgemalt, wie D. und G. gewesen sein könnten, wie sie sich eingerichtet hatten in ihrer Liebe und ihrem Leben, womit sie ihr Geld verdienten, welche Freunde sie hatten, worüber sie lachten, worüber sie weinten. Ihr genügten die Dias, weil sie ihr alles verrieten und gleichzeitig nichts. Sie wollte das Geheimnis bewahren, das die beiden umgab, sie wollte nicht mehr sehen, als sie sah. Deshalb hat sie keine Fragen gestellt oder versucht, ihre Geschichte zu recherchieren. Sie hatte Angst, dass die Wahrheit das Bild, welches sie entworfen hatte, zerstören könnte.

Nimwegen und Tilburg trennen vierzig Zugminuten. Das Möbelgeschäft Peerke liegt an einer Straße, die aus Kopfsteinpflaster und Häusern besteht; kein Grün, nur ein Baum, der wie tot aussieht. Nirgendwo ein Mensch unterwegs. Liesbeth Hessels und ihr Mann Peer eröffneten den Laden vor fünfundzwanzig Jahren, als es eBay noch nicht gab und die Geschäfte mit gebrauchten Möbeln wie von selbst liefen. Heute müssen sie um jeden einzelnen Kunden kämpfen. Dicht beieinander stehen Tische, Sessel, Schränke, dazwischen Spiegel und Kommoden. Von der Decke scheint Licht aus Neonröhren. Es ist kurz nach neun, der Laden hat eben erst aufgemacht. Selten ruft jemand bei den Hessels an und möchte eine komplette Wohnungseinrichtung verkaufen. Vor sechs oder sieben Jahren aber meldete sich ein Herr, und man verabredete sich in der Tilburger Wohnung, die es aufzulösen galt. Das Paar, das darin lebte, war verstorben und hatte keine Verwandten hinterlassen. Herr Hessels, der den Auftrag abwickelte, erinnert sich nicht mehr an die Adresse, er weiß nur noch, dass die Wohnung groß war und einen Balkon hatte, mit Blick ins Grüne. Er verhandelte mit vier, fünf Männern, die Kollegen des Verstorbenen waren und offenbar Menschen mit guten Manieren. «Sie haben sich gewählt ausgedrückt», sagt Herr Hessels.

An den Möbeln gab es nichts auszusetzen, sie waren von hervorragender Qualität und ohne Schrammen, es genügte ihm ein einziger Blick. Neben den Möbeln erwarb er auch einige Kleinigkeiten, darunter zahlreiche Diaboxen und Fotoalben. Diese Alben haben die Hessels behalten. Sie hätten sie auch verkaufen können oder wegwerfen, was logisch gewesen wäre. Wichtiges von Unwichtigem zu trennen ist ja ihr tägliches Geschäft. Aber nachdem sie sie durchgeblättert hatten, brachten sie es nicht mehr übers Herz, sie auf dem Müll zu wissen. Warum, können sie gar nicht sagen. Auch Liesbeth Hessels' Schwiegervater mochte die Fotos sofort, er nahm die Alben zu sich, seither stehen sie in einem Schrank in seinem Wohnzimmer. «Ich wollte, dass sie in der Familie bleiben», sagt Frau Hessels.

Sie hat die Alben in ihr Geschäft mitgebracht, in einer Umzugskiste, in die sie kaum hineinpassen. Alle sind sie in braunes Leder gebunden, manche größer, manche kleiner, neun Alben insgesamt. Das Leder fühlt sich immer noch weich an und riecht nach Vergangenheit. «Baggermuseum 1973» steht auf einem.

Die Fotos zeigen festlich gekleidete Menschen, die sich in einem Haus drängen, das auch ein Wohnhaus sein könnte, und vor Vitrinen mit Schiffsmodellen Sekt trinken. Sie wirken ausgelassen, nichts Steifes umgibt sie. Die Sonne scheint, es ist warm, die Frauen tragen kurze Ärmel, die Männer kein Jackett. Draußen wartet ein Bus, man weiß nicht, warum. Auf der nächsten Seite kleben eine Handvoll ausgeschnittene Zeitungsartikel. Sie berichten vom 23. Juni 1973, jenem Tag, an dem das Baggermuseum in Sliedrecht eröffnet wurde, und D. und G. kommen darin vor. Er hat als Ingenieur gearbeitet, an der Technischen Hochschule Delft gelehrt, und an der Universität von Rotterdam. Er hat auch die großen Baggerfirmen des Landes beraten, wofür er häufig auf Reisen ging. Eine Reihe von Fotos zeigt ihn unterwegs, im Trenchcoat, die Aktentasche unter den Arm geklemmt, mal ist er allein, mal steht er mit Männern in Anzügen beisammen, einmal an eine Reling gelehnt, ein Asiate neben ihm.

Oft begleitete ihn seine Frau, die sich elegant kleidete und deren Kostüme und Handtaschen stets aufeinander abgestimmt waren. Sie hatte mit dem Beruf ihres Mannes offenbar nichts zu tun, aber sie hat ihn zu ihrem Hobby gemacht und das Baggermuseum eingerichtet. Nirgendwo in den Alben findet sich ein Hinweis darauf, dass auch sie einem Beruf nachgegangen ist.

Ihre Namen waren Greet und Piet Pons.

Auf einem der Fotos steht Greet Pons an einem Pult. Sie hält eine Rede, um das Haar hat sie ein gelbes Tuch gebunden, eine große Sonnenbrille verdeckt die Augen, vielleicht sind sie krank. Ihr Mann sitzt in der ersten Reihe in Anzug und Krawatte, seine Füße sind riesig, das Haar ist licht. Er könnte Mitte fünfzig sein. Auch die Rede ist in dem Album aufbewahrt. Greet Pons spricht darin von ihrem Enthusiasmus für das Projekt, von den vielen Firmen, die ihr Mann und sie besuchten, weil ihnen Ausstellungsstücke für das Museum fehlten. Überall seien sie herzlich begrüßt worden, umsorgt mit Kaffee und Kuchen, überall habe man sie unterstützt und nie mit leeren Händen fortgeschickt. Eine große Freude sei das gewesen, jedes Mal. Sie wisse, dass man hinter ihrem Rücken tuschle, sie sei nicht einfach. Doch ein Freund habe einmal gesagt, mit ihr in Streit zu geraten sei die Erfahrung wert.

Sliedrecht ist eine kleine Stadt am Nordufer der Merwede nahe Rotterdam. Das Baggermuseum steht in einer gewöhnlichen Wohnstraße namens Molendijk zwischen Häusern mit Parkplatz davor. Es beschäftigt sich auf drei Stockwerken mit der Geschichte der Baggerindustrie, die für Holland wegen seiner Lage am Meer und der Deiche seit je eine wichtige Rolle spielt. Ein paar ältere Herren sehen sich die Ausstellung an und unterhalten sich darüber, als sei ihnen das Baggergeschäft nicht fremd. Es passiert selten, dass sich jemand zufällig hierherverirrt. Die Dame an der Kasse hat nie von den Pons' gehört. Man solle im

Nachbarhaus klingeln, sagt sie, da finde man den Kurator, Hans Wijn.

Hans Wijn öffnet die Tür, einen Spalt nur, als fürchte er sich vor Besuch. Irgendwann, nachdem man ihm erklärt hat, worum es geht, bittet er einen hinein, freundlich jetzt. Sein Büro sieht aus, als bewahre er Dinge gern auf, um sie zu gegebener Zeit griffbereit zu haben. Sucht Hans Wijn etwas, findet er es merkwürdigerweise sofort, die Jahreshefte des Baggermuseums zum Beispiel oder Urkunden. Den Namen Pons hat er nie gehört, die Fotos der Museumseröffnung kennt er nicht. Vermutlich liegt es daran, dass das Museum drei Jahre nach der Eröffnung umgezogen ist, ein Stück die Straße hinauf, in die Nummer 204. Das Haus dort passte besser, es war herrschaftlicher und im Besitz einer angesehenen Familie, die seit Generationen in der Baggerbranche tätig ist. Bei diesem Umzug sind die Pons' vergessen worden.

Sieben der neun Alben zeigen Greet und Piet Pons in den Bergen. Man blättert sich durch ihr Leben und in es hinein. Brandnertal, Österreich, Sommer 1948. Der Lünersee am Fuß der Schesaplana und ein Himmel ohne Wolken. Ein paar Seiten weiter Bludenz. Greet und Piet Pons stehen auf einer Wiese, über ihnen der Skilift bei Tschagguns, in der Ferne die Schweiz, in ihren Gesichtern Ausgelassenheit. Ein Jahr später Frankreich. Das Mer de Glace, Chamonix und das Montblanc-Massiv, wie gemalt. Im selben Urlaub ein Ausflug nach Genf und Annecy, wo die Berge den See so schön einrahmen. Piet Pons sitzt auf einem Geländer, unbeholfen mit seinen langen Gliedern, und hinter ihm kreuzen Segelboote. 1951 wieder Österreich. Innsbruck und was dazugehört, Goldenes Dachl, Maria-Theresien-Straße, die Straßenbahn. Aufstieg zum Säulingshaus auf 1960 Meter mit Blick über die Tannheimer Gruppe. Neben dem Foto klebt ein getrocknetes Edelweiß. Die Tesafilmstreifen fallen nicht auf, so fein sind sie geschnitten. Alle Bilder sind sorgfältig mit silbernem Stift auf schwarzem Papier beschriftet, einige sogar nachkoloriert. Man sieht die Pons' vor sich, wie sie nach jedem Urlaub ihre Erinnerungen arrangieren.

Buchs im Kanton St. Gallen, Schweiz, 1958. Der Walensee und die Gipfel drum herum. Wieder Österreich: Achensee. Innsbruck. Bad Gastein. Ihr Lachen, unbekümmert, wie das eines Mädchens, und in seinem Blick viel Zärtlichkeit. Die Lechtaler Alpen. Goldbergspitze und Goldberggletscher. Einmal stehen Greet und Piet Pons im Schnee, kurzärmelig, und sehen aus, als hätte er sie überrascht. In den frühen Sechzigern reisen sie nach Verona und Limone am Gardasee, trinken Kaffee unter Palmen und spazieren Seepromenaden entlang. Wenig später entdecken die Pons' Südtirol für sich. Sie machen Urlaub im Hochpustertal, in Dobbiaco zur Zeit der Heuernte. Sie umwandern mehrmals die Drei Zinnen, zuletzt Ende der Siebziger. Gut möglich, dass diese Gipfel ihnen die liebsten waren, keine sonst haben sie so häufig fotografiert. Ihre Urlaube verbringen sie auf der italienischen Seite, südlich der Sellagruppe, dort, wo die Berge Namen wie Pomagagnon und Hohe Gaisl tragen. Oft kehren sie zurück nach Cortina d'Ampezzo. Nie aber sind sie ans Meer gefahren, immer nur in die Berge.

Piet Pons übte einen Beruf aus, bei dem es darum geht, wie man mittels gewaltiger Maschinen Land bewegt, wie man Dämme und Deiche baut, wie man Häfen anlegt und für freie Schifffahrtswege sorgt. Er war es gewohnt, nach seinem Willen zu gestalten, gegen alle Widerstände. Vielleicht fand er in den Bergen eine Landschaft, die ihm unverrückbar zu sein schien. Vielleicht hat ihn diese Übermacht der Natur, gegen die der Mensch nicht ankommt, angezogen. Dann wäre es vor allem seine Leidenschaft gewesen, dann hätte er ihr die Berge gezeigt.

Auf den Fotos sitzen Greet und Piet Pons meist im Gras oder in der Hocke irgendwo am Wegesrand, selten stehen sie, vor dem Hintergrund der Berge. Als wollten sie sich noch kleiner machen vor ihnen. Ihre Art, sich der Kamera zu präsentieren, bleibt dieselbe, jedes Jahr. Kein Bild, auf dem sie einander nicht berührten, er nicht seinen Arm um ihre Schultern legte oder ihre Hand in seiner hielte. Sie lächeln. Nur küssen sie sich nie. Sie sehen aus wie ein Paar, dessen Liebe keine Krisen überstehen musste. Aber auf keinem Foto sind Kinder oder Freunde um sie.

Sie fuhren oft im August, September, manchmal schon im Juli, meist drei, vier Wochen lang. Sie reisten in einem Glas, einer Automarke, die es heute nicht mehr gibt, und später kauften sie sich einen muschelfarbenen Volkswagen. In ihren frühen Urlauben müssen sie Mitte zwanzig gewesen sein. Er ist groß und schlank mit einer randlosen Brille, die braunen Haare sind noch dicht, aber die Geheimratsecken deuten sich bereits an. Sie hat ein weiches Gesicht und kurzes, gewelltes Haar, das ein wenig dunkler ist als seins. Zu den Wanderschuhen trägt er lange Hosen, Hemd, Pulli oder T-Shirt, sie meist Röcke mit Wollstrumpfhosen darunter. Das Nötigste verstauten sie in einem kleinen Rucksack. Sie bewegten sich in den Bergen wie Menschen, die lange Wanderungen unternehmen, aber keine hochalpinen.

Die Fotos sind per Selbstauslöser entstanden. Wahrscheinlich hat er zuerst seine Frau, dann die Kamera und schließlich sich selbst in Position gebracht. Er hatte ein gutes Auge für die Dramaturgie der Landschaft und dafür, wie ein Foto funktioniert. Meist ist er es, der sie ansieht. Sie sieht oft in den Himmel. Das gibt den Bildern etwas Gestelltes, das sie auch über die Jahre nicht verlieren. Aber immer ist da dieser Blick, der das Erstaunlichste ist an den Fotos, weil seine Zärtlichkeit die Zeit überdauert. Es ist ein Blick, in dem alles liegt, was eine Liebe ausmacht.

Am Ende, als man die Alben von Greet und Piet Pons durchgeblättert hat, kann man sich den einen nicht mehr ohne den anderen vorstellen. Sie scheinen glücklich und einander genug gewesen zu sein. Man fragt sich, wie sie das so lange geschafft haben. Gleichzeitig fürchtet man, dass es nur so aussieht. Als wären sie es gewesen.

Auf den Fotos altern Greet und Piet Pons unterschiedlich schnell. Lange sieht er jünger aus als sie, bis er sich plötzlich in einen alten Mann verwandelt. Er beginnt beigefarbene Hüte und Jacken zu tragen, die ihm nicht stehen. Auf den späten Fotos hält er sich an ihr fest, anstatt sie festzuhalten, als müsste sie ihn stützen. Auch ihre Körper verändern sich, er bekommt einen kleinen Bauch, alles andere an ihm wird hager. Greets Haar wird weißgrau, aber die Wangen bleiben rosig. Man kann nicht erklären, weshalb, aber es hat den Anschein, als sei sie die Stärkere gewesen in ihrer Beziehung, als habe sie die Richtung vorgegeben, als Angebot, ohne jede Dominanz, und er sei ihr gefolgt.

Gäbe es diese Alben nicht, Greet und Piet Pons hätten keine Spuren hinterlassen. Es gibt keine Kinder, keine Verwandten. Auch in der Technischen Hochschule Delft, wo er so lange unterrichtet hat, erinnert sich niemand an ihn oder an sie.

Im letzten Album steht ihre Adresse: Vereniging van Eigenaars Service, Appartementen Koninxhoek, Prof. Cobbenhagenlaan 700, 5037 Tilburg.

Die Prof. Cobbenhagenlaan ist eine lange Straße, die vom Hauptbahnhof stadtauswärts führt und auf der reger Verkehr herrscht. An ihre Ränder hat die Stadt Bäume gepflanzt, und dort, wo die Nummer 700 ist, breitet sich ein kleiner Park aus. Es sind viele junge Menschen unterwegs, die Universität ist nah, und es ist Mittagszeit. Der langgezogene Apartmentkomplex besteht aus mehreren hellbraunen stufenförmigen Häusern, die ineinander übergehen. Gebäude wie diese fand man in den achtziger Jahren schick. Heute haben sie etwas Bedrückendes. Zum Eingang führt eine kurze Auffahrt. Rechts befinden sich die Postfächer und Klingeln der Anwohner, links ein Empfang hinter Glas, dann weitet sich der Raum zu einer Lobby mit Teppich und Ledersesseln um einen Tisch. Alles sehr sauber. Koninxhoek ist eine «luxuriöse Wohnanlage» mit sechsundfünfzig Wohnungen von 137 bis 280 Quadratmetern, die meisten mit Balkon und zwischen 200000 und 300000 Euro teuer. Auf der Rückseite des Gebäudes erstreckt sich eine Grünanlage mit Ententeich. Es gibt ein Restaurant, einen Aufenthaltsraum, einen Billardtisch, einen Catering-Service für Feiern. Der Friseursalon hat einen Tag in der Woche geöffnet, an zweien wird der Hausmüll in den Wohnungen abgeholt. Wessen Fernsehapparat oder Radio nicht funktioniert, erhält Hilfe vom technischen Dienst.

Für die Menschen, die hierherziehen, ist dieser Ort das letzte Zuhause. Manche sterben in Koninxhoek, andere mit weniger Glück müssen noch einmal umziehen in ein Pflegeheim oder Krankenhaus.

Greet und Piet Pons sind am 19. Juni 1985 eingezogen, in ein 190-Quadratmeter-Apartment mit der Nummer 770. Bei sich hatten sie ihren Cockerspaniel. Es ist nicht ihr erster Hund gewesen, vorher hatten sie einen weißen Hirtenhund, den man auf einigen Bildern sieht, aber nie in den Bergen. Dorthin haben sie keins der Tiere je mitgenommen.

Ja, Greet und Piet Pons hätten vor Jahren hier gewohnt, sagt die Empfangsdame. Sie erinnere sich an sie. Nein, sie hatten keine Kinder, niemanden, der kam. Reizende Menschen, elegant und freundlich, immer zu zweit und so sehr miteinander beschäftigt, dass sie kaum Kontakt hatten zu Bewohnern oder Personal. Zu Ostern, sagt die Empfangsdame, beschenkten die Pons' alle Mitarbeiter mit selbstbemalten Eiern. Auch zu Weihnachten gab es Kleinigkeiten, Plätzchen, Kugeln für den Christbaum, geschmückte Tannenzweige. Einmal hätten sie an einer Feier teilgenommen, zu Karneval, vor langer Zeit. Sie erinnere sich nur daran, weil sie damals versucht habe, die Pons' zu längerem Bleiben zu überreden, ohne Glück. Eine Anwohnerin schaut herein. Ja, ja, die Pons', sagt sie, nette Menschen, immer für sich. Und ist er am Ende nicht dement gewesen?

Nachdem Greet und Piet Pons nach Koninxhoek gezogen waren, sind sie nie wieder in die Berge gefahren. Sie haben Ausflüge in die Gegend unternommen, nach Kleve zum Beispiel, und sich beim Spazierengehen fotografiert, unter rotgefärbten Bäumen, im Schnee. Ihre Wohnung richteten sie mit antiken Möbeln ein. Auf ihrem Balkon blühten Geranien. Alles hatte seinen Ort. Es gibt auch Fotos, die Greet Pons beim Füttern der Enten zeigen.

Die Empfangsdame sucht in den Unterlagen, ob sie zu den Pons' etwas findet. Sie entdeckt einen Zettel mit Telefonnummern. Drei Adressen hatten die Pons' angegeben für Notfälle: D. Moolhuijzen aus Brasschaat in Belgien, Mevrouw M. van Elk aus Alblasserdam und Kees und Tiny van de Graaf aus Dordrecht.

Vielleicht sind das die letzten Menschen, die wissen, wie Greet und Piet Pons zueinander waren. Nun ist man ihnen so nahe gekommen, und auf einmal fürchtet man, etwas zu erfahren, was man nicht wissen möchte, weil es das Bild, das man sich von ihrer Liebe gemacht hat, beschädigen könnte. Das Problem, das sich der Fotografin

Andrea Stultiens am Anfang stellte, stellt sich einem nun am Ende selbst.

Die ersten beiden Nummern existieren nicht mehr. Bei der dritten meldet sich Kees van de Graaf. Seine Stimme ist rauh, er ist kurz angebunden. Bis er die beiden Namen hört. Kommen Sie vorbei, sagt er. Ich kann sie Ihnen erzählen, die ganze Geschichte.

## Ausgewildert

Der Wald liegt oberhalb der Stadt und ist reich an Tieren. In seiner Mitte gibt es einen Teich, und von den Wiesen in der Nähe des Tals führt ein Naturpfad hinauf auf die Berggipfel. Auf halbem Weg befindet sich ein Gehege, so groß wie ein Fußballfeld, von einem massiven Zaun mit Stacheldraht umgeben und von Bäumen umstellt. Dort lebt die Bärin. Der Mensch hat sie in seine Nähe geholt, aber er hat dafür gesorgt, dass sie ihm nicht mehr zu nahe kommen kann.

Der Name der Bärin ist Jurka.

Jurka kam 1997 im Süden Sloweniens zur Welt, in einem Naturpark, in dem Bären sich frei bewegen und vermehren können. Vier Jahre war die Bärin alt, da tappte sie in eine Lebendfalle. Sie wurde von Jägern betäubt und von einem Tierarzt untersucht, dann verlud man sie auf einen Lastwagen, der sie noch am selben Tag bis nach Italien brachte. Als die Bärin erwachte, trug sie einen Sender um ihren Hals, der jede Bewegung aufzeichnete.

Zu dieser Zeit lebten nur noch drei, vier Braunbären im Trentino, sie waren schon alt und nicht mehr fortpflanzungsfähig. Es hatte in der Region seit jeher Bären gegeben, nun drohten sie auszusterben, was der Mensch nicht zulassen wollte. Deshalb waren die italienischen Bärenexperten nach Slowenien gefahren und hatten Fallen aufgestellt, das erste Mal 1999, das letzte Mal 2002. Für die Wiederansiedlung im Toveltal suchten sie nach gesunden Tieren im gebärfähigen Alter. Am Ende nahmen sie zehn Bären ins Trentino mit, sieben Männchen und drei Weibchen.

Die Landschaft des Toveltals sieht aus, als habe sie jemand zusammengeschoben, Berge und Tal mit Wald überzogen und mitten hinein einen See gegossen. Der See ist türkisfarben und von überschaubarer Größe, die Brenta-Dolomiten drängen sich nah heran an sein Ufer. Auf den schmalen Sandstreifen liegen Familien auf Decken in der Sonne und picknicken, zwei kleine Hotels nehmen Gäste auf. Besonders zur Ferienzeit und an Wochenenden wie diesem sind sie ausgebucht.

Nachdem die Bärin freigelassen wurde, streifte sie durch die Wälder oberhalb des Sees, dort gab es Nahrung genügend. Sie fraß Beeren, Aas und Wildwespen und machte sich an Baumstämmen zu schaffen, unter deren Rinde sie Käfer fand. Den Winter verschlief sie in einer Höhle. Die Hoteliers freuten sich sehr über die Bärin. Sie fütterten sie an, weil sie ihren Gästen etwas bieten wollten, und die Bärin kam. Der Mensch war ihr kein fremdes Wesen, sie kannte ihn schon aus ihrer Heimat, auch dort zeigten die Hoteliers Interesse an ihr. Die Scheu, die sie noch hatte, verlor sie mit der Zeit.

Drei Jahre nach ihrer Auswilderung brachte die Bärin zwei Junge zur Welt, beide waren sie männlich. Der Vater hieß Jose, auch er ist in Slowenien eingefangen und im Toveltal ausgewildert worden. Die Jungen nannte man JJ1 und JJ2, dabei steht ein J für Jurka und das andere für Jose, obwohl der Vater mit der Aufzucht der Jungen gar nichts zu tun hat. JJ1 und JJ2 blieben fortan an der Seite der Mutter, von ihr lernten sie, was sie zum Überleben benötigten, zum Beispiel, wann die Beeren reif sind, wie man Fische fängt und Wurzeln ausgräbt und wann es Zeit ist für den Winterschlaf. Sie lernten von ihr auch, was die Hoteliers ihr beigebracht hatten; dass es nämlich dort, wo Menschen leben, immer reichlich Nahrung gibt und keinerlei Gefahr.

Nach zwei Jahren verließ JJ1 seine Mutter und ging eigene Wege. Er wanderte Richtung Norden, er kam durch das Vintschgau und überschritt die Grenze nach Österreich. Im Mai 2006 überschritt er auch die Grenze nach Deutschland. Er war seit hundertsiebzig Jahren der erste freilebende Bär, der in Deutschland auftauchte.

Einige Wochen lang bewegte sich der Bär zwischen Österreich und Bayern hin und her, wobei er größere Strecken erst zurücklegte, wenn die Dämmerung hereingebrochen war. Unterwegs riss JJ1 immer mal wieder ein Schaf, er näherte sich Siedlungen und plünderte einen Kaninchenstall und Bienenstöcke. Auch vor Mülltonnen machte er nicht Halt. Überhaupt schien er wenig Scheu zu haben. In die Fallen, die ihm die Jäger gestellt hatten, tappte er nicht. Er ließ sich auch nicht durch die Elchhunde eines finnischen Spezialistenteams stellen. Einmal verloren die Hunde seine Spur, als ein heftiges Gewitter ausbrach, ein anderes Mal, weil er durch einen See schwamm. Der Bär, hieß es, sei schlau. Ende Juni näherte sich ihm ein Jäger auf einer Alm im Spitzingseegebiet und erschoss ihn.

Der Bär war zu diesem Zeitpunkt gut genährt. Laut Sektionsbericht des Münchner Instituts für Tierpathologie wog er hundertzehn Kilogramm, seine Widerristhöhe betrug einundneunzig Zentimeter, und seine Länge vom Scheitel bis zum Steiß maß hundertdreißig Zentimeter. Der Inhalt seines Magens brachte es auf ein Gewicht von 6,3 Kilogramm, er bestand aus Fleisch-, Organ- und Pflanzenmaterial. Die Harnblase war ohne Inhalt. In seinem Brustkorb fand man einen Liter Blut und zwei verformte Projektile, das erste auf Höhe der zehnten Rippe, das zweite auf Höhe der achten. Die Geschosse hatten Lunge und Leber zerfetzt und einen schnellen Tod gebracht.

Die Organe und das Skelett des Bären bekam die Zoologische Staatssammlung München zum Zwecke wissenschaftlicher Untersuchungen und für die Lehre. Das Fell wurde eingefroren, konserviert und ging an das Naturkundemuseum für Mensch und Natur im Schloss Nymphenburg. So war der Bär aufgeteilt. Ein Präparator formte einen Körper aus Kunststoff nach, zog das gegerbte Fell darüber, vernähte, kämmte und föhnte es, bis es glänzte. Die Schnauzenregion wurde nachkoloriert, die Augen sind aus Glas, das Gebiss nach Vorlage des Originals angefertigt. Tausendfünfhundert Stunden hat es gedauert, um aus dem Bären das zu machen, was er heute ist.

Er steht nun hinter Sicherheitsglas, eingebettet in eine Szene, die sich genauso zugetragen haben soll. Sie zeigt ihn in der Natur, inmitten von Gräsern und Sträuchern. Er macht sich gerade über Bienenwaben her, seine Vordertatzen stützen sich auf ein Holzgestell. Dabei dreht er den Kopf nach hinten, so, als habe ihn jemand ertappt. Auf dem Schild steht der Name, den der Mensch ihm gegeben hatte – Bruno.

JJ2, das zweite Junge aus dem Wurf, verließ seine Mutter nach eineinhalb Jahren. Der Bär wanderte Richtung Bozen, er nahm die Seitentäler und kam durch das Vintschgau. Bald überschritt er die Grenze zur Schweiz. Das war im Juli 2005. Ein Jäger aus Luzern und seine Frau sahen den Bären in der Nähe des Ofenpasses im Münstertal und erstatteten Meldung. Später versuchte ein Ehepaar den Bären mit einem Glas Honig anzulocken, vielleicht dachten sie, er ließe sich streicheln, doch sie hatten Glück, der Bär kam nicht. Während der nächsten Tage blieb der Bär in der Gegend. Es gelang, seinen Speichel an einer Mülltonne sicherzustellen, die er nach Nahrung durchsucht hatte, und ihn erstmals zu fotografieren, von hinten, wie er einen Hang hinaufläuft. Sein Aussehen und sein Habitus ließen ihn älter erscheinen als die neunzehn Monate, die er tatsächlich war. Ende Juli riss er ein siebzig Kilogramm schweres Charolais-Kalb, woran er vier Nächte lang zu fressen hatte. Tagsüber wechselte er auf die rechte, ruhigere Seite des Tals, wozu er die Kantonsstraße überqueren musste. An einem Tag schauten ihm dabei zweihundertfünfzig Menschen zu, aber den Bären schienen sie nicht zu stören. Die Schweizer gaben ihm den Namen Lumpaz, das ist Rätoromanisch und bedeutet Lausbub.

Anfang August kam der Bär auf der Alp da Munt vorbei,

sie liegt auf zweitausendzweihundert Metern und wird im Sommer von Schafen beweidet, im Winter laufen die Menschen Ski. Der Bär badete im Wassersammelbecken der Bergbahnen Minschuns. Dabei wurde er von einem Hirten beobachtet, der später zu Protokoll gab, dass der Bär Mühe damit gehabt habe, wieder aus dem steilwandigen Becken zu kommen, was auch die Kratzspuren belegen, die er auf der Folie hinterließ. Später im Jahr riss der Bär hier oben ein Mutterschaf und fraß dessen ungeborene Lämmer.

JJ2 ähnelte seinem Bruder JJ1 im Verhalten. Wie dieser legte auch er beträchtliche Distanzen zurück, tagsüber wie in der Nacht. Mal wanderte er nach Österreich, mal nach Italien, aber der Schweiz blieb er nie länger als ein paar Tage fern. Mitte September lief er am Hochsitz des Jägers Häfner in Tschardaina im Unterengadin vorbei und schwamm eine halbe Stunde später durch den Inn. Nichts blieb im Verborgenen, im Gegenteil. Aber noch schauten die Menschen dem Bären bei dem, was er tat, gerne zu.

Als der Herbst Einzug hielt, begann der Bär sich Fettreserven anzufressen, um den Winterschlaf zu überstehen. Mehrere Kilo an einem Tag können Bären während dieser Zeit an Gewicht zulegen. Er machte Jagd auf die Schafe der Rusenna-Alp. Der Schäfer versuchte zwar, seine Herde zu schützen, doch das Gebiet ist zerklüftet, und der Bär hetzte die Tiere die Felswände entlang. Er war schnell, ein Bär kann bis zu fünfzig Kilometer in der Stunde laufen. Siebenundzwanzig Schafe starben. Nicht jedes von ihnen fraß der Bär auf, von vielen fehlten nur die Euter und die Fettpolster rund um das Brustbein.

Einige Tage darauf verschwand der Bär. Seine letzten Spuren fand die Kantonspolizei Ende September in der Nähe des Inns bei Ramosch. Sie geht davon aus, dass der Bär gewildert worden ist.

Das Amt für Jagd und Fischerei Graubünden erstellte eine Liste, wie viel der zweimonatige Aufenthalt des Bären die Schweiz gekostet hat, und errechnete achtzigtausend Franken. Ein Kalb musste entschädigt werden und einunddreißig Schafe für insgesamt knapp fünfzehntausend Franken. Dazu kommen die Personalkosten für Wildhut und Jagdaufsicht, für Wildbiologe und Jagdinspektor. Der Bärenvortrag eines Experten kostete 585 Franken. Die Folie der Bergbahnen Minschuns wurde mit achthundertzwanzig Franken veranschlagt.

Fünf Jahre nach ihrer Auswilderung brachte Jurka im Toveltal drei weitere Junge zur Welt, und wie beim ersten Wurf ist auch bei diesem Jose der Vater gewesen. JJ3 und JJ5 waren männlich, JJ4 weiblich.

Bei den Bären sind es die Männchen, die weite Wanderungen unternehmen, um ein neues Gebiet zu erschließen, in dem sie keine Konkurrenz befürchten müssen, die Weibchen bleiben in der Regel, wo sie geboren wurden. Populationsdynamisch scheint das im ersten Moment sinnlos zu sein, aber das stimmt nicht. Falls ein Weibchen irgendwann die Spur des Bären aufnehmen sollte, dann hat er den neuen Lebensraum bereits erkundet. Er kennt den Verlauf der Jahreszeiten, er weiß, wie die Hirsche ziehen und wo die Schafe im Sommer weiden. Er hat alles so eingerichtet, dass er sich fortpflanzen kann.

Im Frühsommer 2007 verließ JJ3 seine Mutter und bewegte sich Richtung Bozen, er nahm die Seitentäler, er kam durch das Vintschgau und wanderte über das Münstertal in die Schweiz ein. Anders als sein Bruder JJ2 blieb er aber nicht im Münstertal, sondern zog weiter durch das Engadin, über den Flüelapass nach Davos und dann bis hinunter ins Albulatal. Wie sein Bruder riss er Schafe, plünderte Mülltonnen und Bienenstöcke. Dem Menschen wich der Bär manchmal aus, häufiger ignorierte er jedoch dessen Anwesenheit, nur aggressiv ist er ihm gegenüber nie geworden. Als Nahrung ist der Mensch für den Bären vollkommen uninteressant.

Bei einem gerissenen Schaf wurde der Kot des Bären gefunden. Nun war es möglich, anhand der abgestorbenen Darmzellen seine DNA zu bestimmen und sie mit der seiner Eltern zu vergleichen. Es handelte sich zweifelsfrei um JJ3.

Nach den Kriterien des Managementplans Bär erstellte das Amt für Jagd und Fischerei Graubünden eine Wesensanalyse von JJ3. Der Plan unterscheidet zwischen Normalbär, Problembär und Risikobär. JJ3 wurde wegen seines Verhaltens als Problembär klassifiziert, da er mit der Zeit immer «dreister wurde und nahe bei menschlichen Siedlungen Nutztiere riss.» Nun galt es, ihn einzufangen und zu besendern. Die ersten drei Versuche, welche Wildhüter im Val d'Oir bei Alvaneu mit Schlingen, Aldrichfedern, Früchten und Gemüse unternahm, scheiterten.

Am 12. August 2007 stieg ein Hubschrauber vom Flugplatz Samedan auf und flog ins Ela-Gebiet. An Bord war ein Fangteam, das den Bären in der Val Spadlatscha sichtete und von der Luft aus mit einem Schuss aus dem Narkosegewehr betäubte. Der Bär bekam ein GPS-VHF-Halsband umgelegt, das mit Hilfe von Satelliten und Ultrakurzwellen stündlich seine Koordinaten übermittelte. Von da an ließ sich der Bär orten, und nichts, was er tat, geschah mehr unbemerkt.

Nach dem Ereignis schlief der Bär eine Weile lang aus und verschob sich zwei Tage später in nördliche Richtung. Es gab Nächte, da legte er dreißig Kilometer zurück, es gab aber auch solche, da wanderte er kaum. Einen halben Monat trieb er sich am Lenzerhorn herum, einem knapp dreitausend Meter hohen Berg, wo er auf einer Fläche von einem Hektar Blaubeeren fraß.

Der Landstrich, in den der Bär gewandert war, unterschied sich deutlich von dem, in dem er aufgewachsen war. Der Wald ist auch hier dicht, doch der Mensch hat ihn gebändigt und ihm einen Raum zugewiesen. Diesen Raum zerschneiden Wiesen, die sich wie weiche Matten an die Berghänge schmiegen und nach Natur aussehen. Dazwischen sind Orte entstanden, die Lenzerheide heißen und Savognin und Tinizong. Es ist ein großer, gepflegter Garten, in dem der Zufall, so gut es geht, außer Kraft gesetzt wurde. Kein Zweifel, dass der Mensch in ihm das Sagen hat.

Im September dehnte der Bär sein Streifgebiet aus. Er wanderte nach Lenzerheide, wo er am Rand des Ortes die

Talseite wechselte und eine Ziege riss. Nahrung fand er bei Abfall- Containern, bei Bauernhöfen sowie den Kirrstellen der Jäger. Die vielen Waldzungen, die sich überall an die Siedlungen heranschieben, nutzte er als Deckung. Seine Tage verbrachte er im Gebüsch am Rand der Legföhren, die Nächte oft in den Siedlungen. Bären sind dämmerungs- und nachtaktive Tiere.

Der Bär hinterließ Spuren, vor allem umgekippte Mülltonnen und von diesen viele. Bären haben einen feinen Geruchssinn, je nach Wind riechen sie Essbares in kilometerweiter Entfernung. Ein typischer Müllbär, hieß es. Er ging über den Golfplatz von Lenzerheide und durch den Sandbunker bei Loch achtzehn, in dem man am folgenden Tag seine Tatzenabdrücke fand und vermaß. Bei der Vordertatze kam man auf vierzehn Zentimeter, bei der Hintertatze auf dreiundzwanzig. Manch ein Clubmitglied drohte mit der Kündigung, aus Angst, vom Bären gefressen zu werden. Der Bär ging auch über den Sportplatz der Schule und schwamm im Heidsee. Er leckte Katzenteller aus, verwüstete Komposthaufen, verirrte sich in Garagen, verschreckte Radfahrer und versuchte in einen Kiosk einzudringen. Es schien, als hätte der Bär seinen Lebensraum neu vermessen.

Im Oktober wurde es kalt, die Temperaturen sanken unter Null und auf den Bergen fiel der erste Schnee. Die Natur wurde karger und machte es dem Bären nicht mehr so leicht, sich in ihr zu ernähren. Auf die Müllcontainer der Hotels hatten die Jahreszeiten kaum Einfluss, sie waren im Sommer wie im Winter gefüllt.

Die Schweizer beschlossen, den Bären mittels Vergrämung umzuerziehen. Es sollte ein Bär aus ihm werden, der weiß, dass ihm dort, wo Menschen leben, Gefahr droht. Anhand der GPS-Daten erstellten Experten ein Bewegungsmuster und versuchten vorherzusagen, wohin der Bär gehen würde. In Lenzerheide legten sich Wildhüter auf die Lauer. Als der Bär tatsächlich kam, beschossen sie ihn mit Gummischrot und Knallpetarden der Marke Pneudart. Die Knallpetarden waren mit Schwarzpulver geladen und explodierten, als sie auf dem Körper aufprallten, dazu ertönte das Warnsignal eines Schiffshorns. Der Bär sollte Beschuss und Laut miteinander verknüpfen und künftig flüchten, sobald er das Warnsignal hört. Einmal, nachdem der Bär beschossen wurde, galoppierte er den Berg hinauf, fünfhundert Höhenmeter, dann verharrte er in Deckung und wartete ab. «Toter Käfer» nennen Biologen dieses Verhalten.

Ein anderes Mal flüchtete er zwar, näherte sich aber kurz darauf andernorts einem Abfallkübel. Insgesamt beschossen Wildhüter und Jäger den Bären in elf Nächten sechs Mal, bevor sie ihn Ende Oktober von der Lenzerheide vertrieben. Sie verteilten sich über die Hänge des Lenzerhorns und hetzten den Bären viele Kilometer vor sich her bis nach Alvaneu. Im Großen und Ganzen aber zeigte das Vergrämungsprogramm wenig Wirkung. Das Vermeidungsverhalten des Bären beschränkte sich lediglich auf die Orte, an denen er schlechte Erfahrungen gesammelt hatte.

Als es November wurde, zog sich der Bär in den Winterschlaf zurück. Er wählte dafür einen südexponierten Sonnenhang im Albulatal und baute sich auf tausendsiebenhundertzwanzig Metern einen Unterschlupf aus Ästen und Gestrüpp. Die Wahl dieses Ortes überraschte Experten, weil die Temperaturen bei Südhängen stärker schwanken, was den Kreislauf des Bären anstrengt und seinen Schlaf unruhiger werden lässt. Eine Begutachtung des Standorts ergab allerdings, dass die Gegebenheiten dort wegen des Mikroreliefs durchaus mit jenen von Nordhängen vergleichbar waren.

Hält der Bär Winterschlaf, gehen Herzschlag und Atemfrequenz zurück, nur die Körpertemperatur sinkt kaum. Nahrung und Flüssigkeit nimmt er keine auf und er scheidet auch nichts aus. Kurz nach der Winterruhe sucht der Bär dann nach energiereicher Kost, nach Wurzelknollen, Beeren, Nüssen und jungen Trieben zum Beispiel und nach Aas.

Während des Winters wachte JJ3 ein paar Mal auf, er unternahm auch kleinere Ausflüge, das belegte die GPS-Peilung, der Schnee verriet seltsamerweise davon nichts. Das verunsicherte die Experten. Sein Quartier verließ der Bär endgültig Ende Februar 2008, das Überwachungsteam kontrollierte ihn daraufhin wieder stärker. Es gibt ein Foto aus dieser Zeit, auf dem der Bär einen schneebedeckten Hang auf seinem Hinterteil hinunterrutscht. Es gibt auch ein Foto, das ihn mit einem Hirschkadaver zeigt, eine Fotofalle im Albulatal hat es aufgenommen. An diesem Hirsch fraß er eine Woche lang.

Der Bär verhielt sich nach seinem Winterschlaf ähnlich, wie er sich zuvor verhalten hatte. Er besuchte die Maiensässregion oberhalb der Gemeinde Lantsch an der Flanke des Lenzerhorns, wo er ein paar Tage verweilte. Er plünderte Mülltonnen, er durchstöberte Abfallkübel und Komposthaufen, er zerstörte Bienenstöcke. Nur ging er dabei jetzt eiliger vor und zog schneller von einem Ort zum nächsten. Sein Raumverhalten zu entschlüsseln war unmöglich geworden. Eines Tages umrundete er auf Radons ein Hotel in einer Entfernung von nur knapp hundert Metern. Es war noch hell, die Sonne stand am Himmel, und auf der Veranda versammelten sich Gäste ihn zu fotografieren.

Im Faktenbericht *Bären im Kanton Graubünden 2007/2008* heißt es, die Umerziehung eines fehlgeprägten Jungbären in ein Tier, das dem Menschen und seinen Einrichtungen den notwendigen Respekt entgegenbringe, was eine obligatorische Voraussetzung für ein Nebeneinander von Mensch und Bär in einer alpinen Kulturlandschaft darstelle, sei nicht gelungen. Das Verhalten von JJ3 sei mit großer Wahrscheinlichkeit auch mit weiteren Vergrämungen nicht mehr zu korrigieren. Es könne deswegen zu Begegnungen mit Menschen kommen, die zu einem fatalen Unfall führen könnten. Der Bär wurde daraufhin als Risikobär eingestuft, und die Behörden gaben ihn zum Abschuss frei. Das Angebot eines Zoos, den Bären aufzunehmen, lehnten die Verantwortlichen ab. Dem Bären wäre damit wohl auch nicht geholfen gewesen. Ein Jäger erlegte den Bären schließlich am Abend des 14. April 2008 Nahe des Glaspasses in Thusis im Raum Mittelbünden.

Als die Zeit gekommen war, verließen auch JJ4 und JJ5 ihre Mutter. JJ4, das einzige Weibchen der beiden Würfe, blieb in der Nähe ihres Geburtsortes und verhielt sich unauffällig. Als in dieser Region vor einiger Zeit Jäger eine Bärin betäubten, um sie zu besendern, nahmen sie an, es sei JJ4. Die Betäubung setzte allerdings nicht gleich ein, und die Bärin flüchtete in den Molvenosee, wo sie ertrank. Eine Haaranalyse ergab jedoch, dass es nicht JJ4 war, sondern eine entfernte Verwandte. Ihr Bruder JJ5 wanderte in die Lombardei und dort in die Provinz Bergamo, wo er sich heute aufhält. Er streift in den Bergen umher, reißt ab und zu ein Schaf und hat die Scheu vor dem Menschen noch nicht ganz verloren. Vielleicht, so hofft man, ist es doch möglich, dass Mensch und Bär nebeneinander existieren. Sein Vater Jose lebt nach wie vor im Trentino.

Das umzäunte Gehege wurde auf einer nach Südwesten gerichteten Geländestufe errichtet. Trient ist nicht weit, wenige Autominuten nur, dazwischen Wohngebiete und Hochhäuser so grau, als wollten sie einen davor warnen, hierher zu ziehen. Seit fünf Monaten lebt die Bärin Jurka hier. Ein Lastwagen hatte sie transportiert, nachdem sie zuvor schon an einem anderen Ort in Gefangenschaft gewesen war. Die Italiener hatten einige Jahre lang versucht, die Bärin umzuerziehen, doch sie kehrte immer wieder zu den Menschen zurück, einmal lief sie sogar über eine Skipiste in Madonna di Campiglio, es gibt einen Film bei Youtube davon, aufgenommen aus einem Sessellift. Sie hätten die Bärin erschießen können, wie es die Deutschen und die Schweizer getan hatten, aber das wollten die Italiener nicht. Sie wollten aber auch nicht, dass sie irgendwann einem Menschen etwas antut. Also fingen sie die Bärin ein und sperrten sie in dieses Gehege.

Auf einem Schild, das am Rand des Naturpfades steht, sind die Tiere bebildert, die in der Gegend vorkommen. Hirsche und Wildschweine, Hasen und Gemsen, Murmeltiere und Steinböcke, Füchse und Mufflons. Ein Hinweis auf eine Bärin fehlt.

## Am Ende entscheidet Gott

Auf Golzern leben drei Brüder in drei verschiedenen Häusern, sie heißen Sepp, Franz und Hans. Alle drei haben die gleichen blauen Augen, weit nach vorn geschoben in ihren Höhlen, und von einer solchen Zartheit, dass man sich nicht mehr abwenden mag von ihnen. Alle drei haben auch die gleiche Nase, die schmal und lang gewachsen ist, statt sich in den Gesichtern breitzumachen. Als habe sie Rücksicht nehmen wollen auf die feinen Züge. Älter als achtzig Jahre sind die Brüder heute, doch die Jugendlichkeit ist keinem von ihnen ganz aus den Augen gewichen.

Sepp Jauch sitzt auf einem Schemel in seiner Küche, von der Decke strahlt Neonlicht, vor ihm auf dem Tisch steht eine Wanne, gefüllt mit Schweinswürsten, daneben liegen eine Rolle Schnur und ein Geschirrtuch.

Das Hackfleisch kauft er beim Metzger im Tal, er würzt es selbst, dann gibt er es in einen Wurstfüller, auf den er den Darm spannt. Später bindet er die Würste und friert sie ein, sie reichen einen ganzen Winter lang. Manche von ihnen verschenkt er auch, an seine Brüder zum Beispiel. Sepp Jauch hat zweiundzwanzig Schafe. Eine Frau hat er nicht. Er ist nie verheiratet gewesen, und er hat auch keine Kinder großgezogen. Es sei besser, keine Frau zu heiraten als eine schlechte, sagt er, und da es immer die schlechten waren, die ihm in all den Jahren über den Weg gelaufen sind, hat er lieber die Finger von der Ehe gelassen.

Zweimal am Tag betet Sepp Jauch einen Rosenkranz, morgens und abends. Seit er denken kann, ist das so. Man sei nicht nur auf Erden, um zu arbeiten und Ferien zu machen, sagt er, man müsse auch beten. Ohne das Beten habe nichts einen Sinn.

Golzern liegt im Kanton Uri, auf tausendvierhundertfünfzig Metern, in einer Ecke des Maderanertals, als wolle dieser Ort nichts wissen von der Welt. In Amsteg zweigt eine schmale Straße ab, die sich an die Felswände drängt und in gewagten Kurven Höhenmeter um Höhenmeter nimmt. Ungeübte Fahrer schleichen auf ihr mit vierzig entlang, höchstens, selbst der Bus ist schneller. Irgendwann lassen die Berge einander los, und das Tal weitet sich, dann erreicht man Bristen. Gewaltig sind die Gipfel hier, furchteinflößend gar, und es schleicht sich eine Traurigkeit ein, die man nicht erklären kann. Nie wieder verschwindet sie ganz.

Das Erste, was einem in Bristen auffällt, ist das Rauschen des Chärstelenbachs, dem alles Friedliche zuwider zu sein scheint. Es wäre leichtsinnig zu glauben, er wisse um seine Schranken, selbst wenn es den Anschein haben mag. Sechshundert Menschen leben in Bristen. Es gibt eine Kirche, ein Lebensmittelgeschäft, zwei Gasthäuser, eine Poststelle, ein Neubaugebiet und eine Seilbahn. Die Seilbahn fährt hinauf nach Golzern, im Sommer häufiger, im Winter seltener. Sechs Erwachsene kann die Bahn transportieren oder eine Kuh und einen Menschen, je nachdem. Sie ist die einzige Verbindung auf den Berg, es führt keine Straße nach Golzern, nur ein beschwerlicher Wanderweg, den zu nehmen anderthalb Stunden kostet. An die vierzig Häuser verteilen sich auf der Alp, wie fallen gelassen über der einsamen Landschaft. Die meisten von ihnen sind Ferienhäuser, sie gehören Städtern, die im Sommer für ein paar Wochen hier Urlaub machen, wo es einen See mit Kapelle gibt und die Berge Groß Düssi und Witenalpstock heißen und höher als dreitausend Meter sind. Im Winter kommt niemand. Weshalb auch, es gibt ja nichts, weder Skilifte noch Langlaufloipen noch Sternehotels.

Draußen fällt Schnee in dicken Flocken. Alles ist voll davon, Himmel und Erde, es hat nicht Anfang und nicht Ende. Als sei jede Farbe aus der Welt gewichen, und nur das Weiß ist geblieben. Auch die Geräusche sind verschwunden, eingeschneit wie der Rest. Kneift man die Augen zusammen, entdeckt man kleine Häuser, die sich in Mulden an den Hang schmiegen, mit meterhohem Schnee auf den Dächern.

Den letzten Winter über spielte Sepp Jauch oft auf seiner Handorgel, der kleinen, so verging die Zeit ein wenig schneller, aber seit dem Unfall im September ist das Musizieren mühsam geworden. Es passierte beim Scheren der Schafe, da spaltete die Klinge seinen rechten Zeigefinger. Er sah den Knochen und Blut überall. Er rief keinen Arzt, er rief auch keinen der Brüder an oder einen Nachbarn. Er stoppte die Blutung und badete seinen Finger in Tee, eine halbe Stunde lang, dann tupfte er Zellerbalsam auf die Verletzung, eine Salbe für Schürfwunden und Hautrisse. «Das isch dè bim Äich ä güäti Salbi!», sagt er, und dass es den Menschen schlecht bekomme, wenn es ihnen zu wohl ergehe.

Im Tal erzählt man sich eine Geschichte, die viel preisgibt über das Wesen der Menschen hier. Es war im Sommer 2005, als ein Unwetter das von Naturkatastrophen gepeinigte Maderanertal heimsuchte und den Chärstelenbach in einen reißenden Strom verwandelte. Der nahm mit, was er mitnehmen konnte. Halb Bristen schwamm damals davon. Ein Unwetter, wie es seit Menschengedenken nicht vorgekommen sei, hieß es später. In Amsteg, inmitten der Fluten der Reuss, saß ein Familienvater auf seinem Bagger fest, als das Mobiltelefon klingelte. Ein Freund war dran, er bat ihn zu kommen, man benötige Hilfe, dringend. Im Moment sei es schwierig, später, sagte der Baggerfahrer aus Bristen, und legte auf. Kurz darauf rettete ihn ein Hubschrauber, in letzter Sekunde. Beim Abendessen fragte seine Frau, wie es ihm heute ergangen sei, da zuckte er nur die Schultern und aß weiter.

Sobald sich der Winter ankündigt, ziehen die meisten Bauern mit ihrem Vieh hinunter ins Tal. Man könnte auch sagen, sie flüchten. Nur vierzehn Menschen halten es das ganze Jahr über aus auf Golzern.

«Hyyr hed äs etz äü gottloos friä afä winterä unt chüüm me wèllä heerä», sagt Sepp Jauch. Der Winter bringt die Einsamkeit. Wer seine Gedanken im Griff hat, der übersteht ihn unbeschadet, zumindest im Kopf. Wer nicht auf dem Berg geboren wurde und es nie gelernt hat, der könnte darüber leicht verrückt werden.

Es ist nicht so, dass die Häuser weit voneinander entfernt lägen, einige hundert Meter Luftlinie trennen manche nur, aber das Gelände ist unwegsam, und die Schneedecke verschluckt alle Wege. Wird aus dem Schnee Regen, überzieht eine Eisschicht die Hänge. Also sitzen die Menschen in ihren Häusern und wagen sich nur hinaus, wenn es unbedingt sein muss, für den Sonntagsgottesdienst in Bristen zum Beispiel oder die nötigsten Einkäufe. Vielleicht ist das das Erstaunlichste an den Beziehungen der Menschen, dass sie eine Schicksalsgemeinschaft bilden, aber einander kaum begegnen. Ab und an nur telefonieren sie. Fünf Monate geht das so, von Dezember bis April. Und dann ist da der bange Blick himmelwärts, wenn es nicht mehr aufhört zu schneien, wie im Winter 1999, als fünf, sechs Meter fielen. Eine gewaltige Staublawine fegte damals die Berghänge hinunter. Drei Monate lang waren die Menschen auf Golzern abgeschnitten von der Außenwelt, so lange dauerte es, die Seilbahn zu reparieren.

Tritt Sepp Jauch aus der Tür und schaut den Berg hinauf, kann er das Haus seines Bruders Franz sehen, neben dem ein paar Tannen stehen. Er kann auch das Haus der Fediers sehen, das in der Nähe einer Senke liegt, und das von Franz Tresch gleich daneben. Nur das seines Bruders Hans sieht er nicht, es verbirgt sich hinter einer Kehre.

Anfangs ist man irritiert darüber, dass immer wieder dieselben Namen auftauchen, aber es gibt eben nur ein halbes Dutzend von ihnen. Jeder scheint auf irgendeine Weise mit jedem verwandt zu sein.

Manchmal bekommt Sepp Jauch Besuch von seinem

Bruder Franz. Der sieht nach den Schafen, er hilft ihm beim Holzschichten und Schneeschippen. Schwere Arbeiten kann er wegen seines Buckels nicht verrichten, und auch das Laufen bereitet ihm zusehends Mühe, es ist mehr ein Schlurfen als ein Gehen. Bleib doch oben, sagt Sepp jedes Mal zu ihm, aus Angst, der Bruder könnte unterwegs stürzen und womöglich erfrieren.

«Ich schyyssä dè nid eppä wägä jeedem Dräck i d Hoosä», sagt Franz Jauch. Wenn man bereit sei für den Tod, dann rufe einen der Herrgott schon zu sich, da könne man nichts mehr ausrichten.

Das Sterben ist auf Golzern keine Frage von Umständen oder Zufällen, es ist eine Gottesangelegenheit. Gott allein bestimmt den Zeitpunkt, und der ist eben irgendwann gekommen. Diese Gewissheit verleitet die Menschen nicht zur Leichtfertigkeit, aber sie nimmt ihnen jegliche Furcht.

Franz Jauch geht am Stock, seine Hände sind dunkelrot und eiskalt, dabei ist die Stube gut geheizt. Er wurde auf dem Berg geboren, genauso wie seine Brüder, vier waren sie einst, aber der Jüngste erkrankte an einer Hirnhautentzündung und starb als Bub. Mit den Frauen war Franz mehr Glück beschieden als Sepp, seit vierzig Jahren ist er verheiratet, im September hatten er und Marie Hochzeitstag. Marie ist eine herzliche Frau von stämmiger Statur. Weiß sie auf eine Frage nicht gleich zu antworten, streicht sie verlegen über das Tischtuch, legt ihren Kopf schief, lächelt und fragt: «Ja, was sèll ich da nu säägä?» Für sie ist es die zweite Ehe, für ihn die erste. Als Marie Franz begegnete, war sie Witwe, sie hatte drei kleine Kinder und eins trug sie noch im Bauch, doch das hat den Franz nicht gestört. Seit jeher kommen sie gut miteinander aus, keinen einzigen großen Krach hat es bisher zwischen ihnen gegeben. Worüber sollten sie auch streiten? Solange sie zu zweit sind, ist keiner von ihnen einsam.

Wenn man nicht zufrieden sei, sei man nichts mehr wert, sagt Franz. Dass Franz noch da sei, dass schätze sie am meisten an ihm, sagt Marie.

Manchmal, wenn sie trotz allem mit der Abgeschiedenheit hadert, zieht sie eine Jacke über, tritt nach draußen und schaut hinunter nach Bristen, wo eine Handvoll Lichter brennen.

«Wiä innärä Stadt», sagt sie.

Es klopft an der Tür, Agnes Jauch bringt Milch vorbei und Eier, man wechselt wenige Worte, dann ist sie wieder fort.

Nicht einmal eine Viertelstunde Seilbahnfahrt trennen Bristen und Golzern voneinander, und trotzdem liegen Welten zwischen oben und unten. Die von unten sagen, dass die da oben ein merkwürdiges Völkchen seien. Die von oben sagen, dass die da unten nicht wüssten, wie es ist, in den Bergen zu leben, dabei lebten sie doch mittendrin. Beim ersten Schnee jubeln die Kinder aus dem Tal, packen ihre Schlitten und nehmen die Seilbahn. Auf Golzern freut sich kein Mensch über Schnee, ein absurder Gedanke. Marie Jauch kann sich nicht erinnern, wann sie zuletzt vorbeigeschaut hat im Tal, mittlerweile müssen es Monate sein. Die Beine wollen nicht mehr, die Zuckerkrankheit raubt ihnen alle Kraft. Hätten sie Konrad nicht, ihren Sohn, Marie und Franz müssten nach Bristen ziehen.

Konrad ist vierzig Jahre alt, er ist blond und schüchtern, das ist er früher schon gewesen, sagt der Pfarrer. «Dèr isch äm Tyyfel gaar nid eppä ap dr Chetti», sagt die Mutter. Seit zwanzig Jahren arbeitet er in der Dätwyler AG in Schattdorf, er hat keine Freundin und kehrt jeden Abend nach Hause zurück, an den Tisch seiner Eltern. Eine Stunde dauert ein Weg, wenn die Seilbahn fährt. Fährt die Seilbahn nicht, dauert er zweieinhalb Stunden. Im Lawinenwinter hat Konrad vor Sonnenaufgang seine Schneeschuhe angezogen und sich eine Lampe um den Kopf geschnallt, so ist er hinausgegangen in die Dunkelheit. Er hätte auch eine Zeitlang bei Verwandten im Tal wohnen können, aber das hätte bedeutet, seine Eltern im Stich zu lassen, was ausgeschlossen ist. Vor wenigen Tagen war das Abflussrohr in der Küche verstopft, da hat Konrad es repariert. Er repariert auch den Fernsehapparat oder das Radio. Am Wochenende hackt er Holz, er kauft ein im Tal und schippt Schnee, er holt die Post und das Futter für Sepps Schafe aus dem Futterlager, das einige hundert Meter entfernt liegt. Nie, dass er nicht da ist. Ein Gottesgeschenk sei dieser Sohn.

Wollte Franz Jauch seinen Bruder Hans besuchen, müsste er eine Senke durchqueren und den Hang weit hinaufsteigen. Er müsste sich einen Pfad im Schnee suchen und hoffen, dass der Boden nirgendwo vereist ist. Irgendwann käme er zur Seilbahn. Von dort führt ein breiter ebener Weg zum Haus der Jauchs, einem großen Alpenhaus, mit dunklem Holz verkleidet und Platz für drei Generationen.

Es ist ein Uhr am Mittag, das Schneetreiben ist einem blassblauen Himmel gewichen. Bei Sonnenschein könnte man meinen, Golzern sei ein harmloser Ort. Frida Jauch steht am Herd, sie kocht Spaghetti mit Fleischsoße, dazu gibt es grünen Salat. Um den Tisch sitzen Hans, ihr Mann, Beat, ihr Sohn, und Agnes, ihre Schwiegertochter, wie an jedem Tag. Die Enkelkinder Nadya und Sandra sind noch in der Schule, und Christian, der Älteste, hat vor kurzem eine Lehre als Elektroinstallateur in Amsteg begonnen, von der er erst nach Sonnenuntergang zurückkehrt. «Isch das eppä dr Hansi dettä?», fragt Hans und nimmt den Feldstecher zur Hand. In der Ferne erkennt man einen dunklen Punkt, der sich Richtung See bewegt. Es ist der Hansi. Der Feldstecher ist immer griffbereit, damit das wenige, was passiert, nicht unbemerkt passiert.

Hans Jauchs Jahr begann nicht gut. Die harte Arbeit hat sein Knie krank gemacht, es musste im Altdorfer Kantonsspital operiert werden und während der Reha allerlei Gymnastik über sich ergehen lassen. Die Ärzte, die ihn behandelten, sprachen Schriftdeutsch und in Fachvokabeln, Hans Jauch verstand keine ihrer Anweisungen, alles machte er verkehrt. Er litt mehr, als dass er sich erholte. Gut möglich, dass sein Knie nie wieder ganz gesund wird.

Früher, als die drei Brüder Kinder waren, lebten auf Golzern neunundzwanzig Familien, im Sommer wie im Winter. Kein einziges Haus stand leer. Zum nächsten Nachbarn ging man nur ein paar Schritte, und so vertrieb man sich die Abende bei Kartenspiel und Tanz. Man klopfte auch an die Tür des anderen, wollte man einen Rat einholen, oder wenn Brot fehlte oder Butter, es hatte schließlich niemand genügend Geld, um Vorräte anzulegen. Mit den Jahren zogen immer mehr Leute fort, weil der Berg immer weniger von ihnen ernähren konnte. Das veränderte das Dorf und seine Bewohner. Die Wege von Haus zu Haus wurden nun weiter, weshalb die Familien noch enger zusammenrückten.

Dieser Zusammenhalt ist heute das höchste Gut der Menschen. Das bedeutet nicht, dass Nachbarschaft weniger wert wäre, im Gegenteil, sie wiegt schwer auf dem Berg. Jeder weiß, er könnte einmal auf die Hilfe des anderen angewiesen sein, deshalb behandeln die Menschen einander mit Bedacht. Man erkennt es an Kleinigkeiten, zum Beispiel an der Art, wie der eine über den anderen spricht. Es hat nichts Schwärmerisches, und auch das Wort Freundschaft fällt nicht, im ersten Moment könnte man sogar meinen, die Sätze seien achtlos dahingesagt. Die Agnes «isch äini, wo mä cha brüüchä». «Ä wackärä Purscht» sei der Konrad, «ä usinnig ä liäbi Nachpüüränä» die Anelies, «ä gääbigä Briäder» der Sepp, «epper wo mä äifach müäss gäärä ha» der Franz. Es klingt, als seien das Eigenschaften, auf die man sich geeinigt hat und die man nicht mehr in Zweifel zieht. Man rechnet einfach damit, dass die Menschen sich treu bleiben.

Die Scheidungsrate auf Golzern liegt bei null. Finden

sich zwei, dann für immer, wie vor Gott versprochen. Sie und ihr Mann Beat hätten keinen Streit, sagt Agnes. Jedenfalls keinen, der sie entzweie. Wäre das so, könnten sie gleich einpacken. Unmöglich, Krieg zu führen auf dem Berg. Das Vieh müsse versorgt werden, die Kinder erzogen, das mache genug Arbeit, sagt Beat. Er sieht nicht aus wie einer, der leicht die Beherrschung verliert. Die Kälte hat seine Wangen rot gefärbt. Lacht er, verschwinden seine Augen beinahe. Einmal, da war er noch nicht verheiratet, verbrachte er einen Sommer auf der Alp, gemeinsam mit Franz Tresch, es war einer seiner schönsten. Sie hüteten Rinder, beobachteten die Sterne und wie die Wolken vorüberzogen.

So eine tüchtige Ehefrau wie die Agnes hätte Beat im Tal nicht gefunden, sagt seine Mutter. Im Tal, da zähle der Komfort, wer hier danach suchte, würde nicht fündig.

Abends sitzen die Jauchs auf einer großen Couch im Wohnzimmer, umgeben von Wänden, die mit gerahmten Fotos bedeckt sind, und sehen fern. Drei Generationen zusammen. Nachmittags gucken nur Frida und Hans, die Telenovela *Wege zum Glück*, sie läuft im ZDF. Was fürs Herz, sagen sie, kitschig und schön. Eben sehr weit weg. Der Fernsehapparat erzählt ihnen etwas von einer Welt, die sie nie kennenlernen werden. Oft genug schütteln sie den Kopf über diese Welt. Nach der Lawine versorgte ein Stromaggregat die Familie, morgens für wenige Stunden und dann wieder von drei bis neun Uhr abends. Wurde es später, zündeten sie Kerzen an oder gingen zu Bett. Fernsehen gucken konnten die Jauchs in dieser Zeit kaum.

Zu behaupten, der Winter würde spurlos an den Jauchs vorübergehen, wäre gelogen. Es dauert, bis sie sich an die kurzen Tage gewöhnen und den zermürbenden Nebel, der bisweilen so dicht ist, dass er ihnen den Blick aus dem Fenster nimmt. Fragt man die Jauchs, ob sie sich nach einem anderen Leben sehnen, blicken sie einen verständnislos an. Sie kennen es ja nicht anders.

Wer die Menschen auf Golzern verstehen möchte, der muss die Landschaft verstehen, die sie geprägt hat. Es ist eine Landschaft, die keinen Zweifel an der Übermacht der Natur lässt. Jederzeit und von allen Seiten können die Kräfte des Gebirges zuschlagen, im Winter drohen Lawinen, im Sommer Hagelwetter und Überschwemmungen. Die Natur ist besonders tückisch hier, sie hält keinen Fluchtweg bereit, nur das Ausgeliefertsein. Mit ihr steht der Bergler von Kindesbeinen an im Kampf.

Das was sich nicht erklären lässt, erklären die Menschen auf Golzern mit Gott. Sie glauben an etwas Höheres, und dieser Glaube verleiht ihnen jene Ruhe, die für ihr Dasein existentiell ist. Im Herrgott haben sie einen Verbündeten gegen die feindliche Natur gefunden. Er ist die beste Deutung für das, was ihnen auf dem Berg widerfährt. Ohne Gott wäre alles nur Willkür, und die würde ihr Leben unmöglich machen.

«Ooni Gottvertrüüwä gaat da nyt», sagt Hans Jauch. «Dr Hèrrgott isch immer i dr Neechi», sagt Agnes Jauch. «Ooni Gottvertrüüwä bisch dü verloorä, das bisch», sagt Frida Jauch. Sie betet täglich und ruft Bruder Klaus an, den Patron der Klausenkapelle am Golzernsee. Sie bittet, Gott möge die Enkelkinder beschützen und heil von der Schule nach Hause geleiten. Sie zündet eine Kerze an bei Lawinenwarnung und Sturm und dankt für jeden guten Tag.

Als die Lawine im Winter 1999 niederging, riss sie das Nachbarhaus mit sich fort. Ein Grollen wie von ferne, so kündigte sie sich an, Sekunden später war sie da. Die Geißen schrien, und Franz Tresch starb. Er und Hans waren eng miteinander, so eng, dass Hans Tränen über die Wangen laufen, spricht er von diesem Tag, dem schlimmsten in seinem Leben. Schlaf doch bei uns, hier bist du sicher, hatte er seinen Freund gedrängt, ja gefleht hatte er, aber der schlug das Angebot aus. Seit Kindestagen kannten sie einander, sie gingen gemeinsam zur Schule, durchlitten die Pubertät, den ersten Liebeskummer, und alles, womit sie sonst noch zu kämpfen hatten im Leben. Sie wurden miteinander erwachsen. Wo man den einen fand, da fand man auch den andern. Wie Brüder. Am Wegesrand erinnert heute ein Kreuz an das Unglück, mit einem Foto von Franz Tresch und einem Spruch von Theodor Storm.

*Wer je gelebt in Liebesarmen,*
*Der kann im Leben nie verarmen;*
*Und müßt' er sterben fern, allein,*
*Er fühlte noch die sel'ge Stunde,*
*Wo er gelebt an ihrem Munde,*
*Und noch im Tode ist sie sein.*

Bis vor drei Jahren ging die letzte Seilbahn am frühen Abend nach Golzern. Zu spät zu kommen bedeutete, den

Weg nehmen zu müssen, durch die Nacht und den Wald. Oben angelangt, war, wer beim Tanz in Silenen zu viel Alkohol getrunken hatte, zumindest wieder nüchtern. Aber wer wollte das schon sein. Jetzt besitzen die Menschen auf Golzern eine Chipkarte, so können sie hinunter- und hinauffahren, wie spät es auch sein mag.

Die Sonne hat sich längst hinter den Berg zurückgezogen und lässt die Nacht gewähren, als Nadya, Sandra und Christian nach Hause kommen, mit Taschenlampen in ihren Händen. Fünfzehn, zwölf, und siebzehn Jahre sind sie alt, aber ihr kindliches Aussehen und ihre Schüchternheit lassen jeden von ihnen jünger erscheinen. Sie seien glücklich auf dem Berg, sagen sie, sehr sogar, und lächeln. Nein, sie vermissten nichts. Zürich sei furchtbar, dieser Straßenlärm und all die Menschen. Sie liebten die Sommer, das Baden im See, den Geruch von frischgemähtem Gras, die Ruhe. Nur im Winter, da mache sie der Nebel unfassbar müde. Auch langweilen würden sie sich selten, sie hätten ja alles, eine Familie, einen Computer, einen Fernseher und im Stall die Tiere. Es klingt aufrichtig. «Zäichnä tüän ich nu gäärä», sagt Sandra. Christian sagt: «Daa oobä gaat mä äim scho nu mit Word unt Wärch a d Hant.» Sie glauben an Gott, sie beten, sie kennen die zehn Gebote. Du sollst deinen Vater und deine Mutter ehren, sie richten sich danach. Respekt vor der älteren Generation, selbstverständlich sei das. Bilderbuchkinder, wie Eltern sie sich wünschen. Und trotzdem wäre es ein Wunder, bliebe nur eins von ihnen auf Golzern.

Von allen Häusern, die im Winter bewohnt werden,

steht das der Jauchs am einsamsten in der Gegend. Die nächsten Nachbarn heißen Anelies und Leopold Fedier, sie leben ein weites Stück den Hang hinunter. Bei klarer Sicht zeigt sich das Dach ihres Hauses. Gleich neben den Fediers wohnt Franz Tresch, Namensvetter des Toten, ein alter, einsamer Mann, der nie Freundschaft schließen wird mit dem Winter. Sein winziges Haus versinkt beinahe im Schnee, es wurde 1942 erbaut und sieht wie eine zu groß geratene Puppenstube aus, mit Kachelofen und Spitzendeckchen. Es ist das Heim eines Menschen, das den eisigen Monaten mit Behaglichkeit trotzt. Überall Holz, die Decken hängen niedrig, nach oben führt eine Stiege, und unter den Füßen knarzt der Boden.

Franz Tresch schnitzt an einem Lampenschirm aus Holz, seit Stunden sitzt er daran. So füllt er die Tage. Er ist zuckerkrank, wie seine Schwester Marie, weshalb er kaum das Haus verlässt. «Dr Franz magg chüüm ggaa im Schnee», sagt er. Bruder und Schwester haben sich monatelang nicht gesehen, sie warten auf den Frühling, aber der kommt erst im Mai. Seit dreißig Jahren sei er nun schon einsam, nie hatte er eine Frau, jetzt hätte er gern eine. Aber jetzt sei es zu spät. Einmal lebte er sogar mit einer Frau unter einem Dach, aber das war nicht seine, sondern die des Bruders, mit dem er den Hof der Eltern bewirtschaftete. Zwischen den dreien ging es gar nicht gut. Das Radio, nennt sie Franz Tresch. Sie dachte zu viel nach und redete fortwährend, während die Menschen um sie herum schwiegen. Eine zugezogene Witwe war sie außerdem, das weckte Misstrauen. Ihr erster Mann hatte sich das Leben genommen, erschossen mit einer Pistole. Obendrein benahm sie sich miserabel. Nur ihre Unterwäsche trug sie am Leib beim Frühstück zu dritt. Irgendwann verkaufte Franz die Hälfte des Viehs und zog als Hirt über die Alp. Wäre er geblieben, hätte er wohl irgendwann die Nerven verloren. Im Grunde hat ihn die Frau vertrieben.

Für Franz Tresch sind die Fediers ein Segen. Sie erledigen Besorgungen, sie begleiten ihn zum Arzt und sehen nach ihm. «Liäbi Lyt», sagt Franz Tresch. «Das isch nit dr Ret wäärt. Das isch doch klaar», sagt Anelies Fedier. Sie hat sechs Brüder, die wohnen im Tal, aber im Sommer kommen sie auf den Berg und helfen beim Heuen. Auch der Sohn wohnt im Tal, aber als der Vater vor kurzem ins Krankenhaus musste wegen seines kaputten Knies, zog er auf den Berg, damit seine Mutter nicht allein ist mit den Rindern und Kälbern.

Am Morgen zündet Franz Tresch eine Kerze an. Er betet für die armen Seelen, für die Kranken und die Kinder, dass sie in Gott stets einen Schutzengel haben mögen. An der Wand hängt eine Tafel mit einem Spruch darauf: «Wo Glaube, da Liebe. Wo Liebe, da Friede. Wo Friede, da Segen. Wo Segen, da Gott. Wo Gott, keine Noth.» Auf der Kommode steht ein Kelch mit gesegnetem Dreikönigswasser. Damit bekreuzigt sich Franz Tresch. Für jeden auf Golzern einmal.

## Passgefühle

Es hatte ein wenig geschneit letzte Nacht, die Bergluft war klar und kalt, und von Davos wehte ein leichter Wind herüber. Der Schnee bedeckte die Landschaft halbmeterhoch, und der Himmel glänzte so unwirklich blau, als hätte ihn jemand nachkoloriert. Nirgendwo zeigte sich eine Wolke, und es sah auch nicht so aus, als würde sich daran bald etwas ändern. Es war einer dieser Tage, die dafür gemacht sind, Menschen, die ständig ans Meer fahren, zu bekehren.

Auf dem Bahnhofplatz von Klosters parkten eine Menge Autos. Es waren Fahrzeuge aus einer Zeit, in der Autofahren etwas mit Stil zu tun hatte und die Wagen noch nicht an Apartments auf vier Rädern erinnerten, derart gepolstert und gedämpft, dass sie einem jedes Gefühl für die Beschaffenheit der Straße rauben. Da stand zum Beispiel dieser Lagonda aus dem Jahr 1934, ein Vorkriegsschiff, so ungelenk, als wäre es nur für Highways und Sonnenscheinwetter gebaut worden, aber nicht für diese von Passstraßen geprägte Gegend, in der es ausschließlich darum geht, den Berg zu bezwingen. Dafür eigneten sich andere Wagen besser, wie der windschnittige Alfa Romeo Bertone oder der Austin-Healey Sprite, der wegen seiner Glubschaugen Frosch genannt wird, was mehr nach Wildnis als nach Auto klingt. Am Steuer der Wagen saßen Menschen, die aussahen, als seien sie in einem Gefährt unterwegs, das sie liebten. Man erkannte es an ihrem Augenausdruck und daran, wie die Wagen funkelten. Jeder von ihnen musste hingebungsvoll poliert worden sein.

Die Leute auf der Straße verlangsamten ihre Schritte und erweckten den Eindruck, als wünschten sie sich hinein in eine Giulietta oder einen Buckelvolvo. Und die Jungen an der Hand ihrer Väter guckten mit einem vorwurfsvollen Blick, als wollten sie fragen: Warum steht bei uns in der Garage nur ein Ford Mondeo?

Es war zwölf, als die ersten Autos starteten und durch Klosters donnerten. In diesem Jahr führte der Winter-Raid nach Lenzerheide, über sehr viele Pässe und durch lauter Bilderbuchlandschaften, und wer jetzt vielleicht auf die Idee kommt, diese Rallye könnte irgendetwas mit dem rasanten Autorennen Gumball 3000 zu tun haben, bei dem die Teilnehmer reihenweise teure Autos zu Schrott fahren, der irrt sich. Das hängt damit zusammen, dass es sich hier um Oldtimer handelt und Ziel der Veranstaltung das präzise Fahren ist, also bestimmte Strecken in einer bestimmten Zeit zurückgelegt werden müssen. Es hängt aber auch damit zusammen, dass der Raid im Wesentlichen eine Schweizrallye ist und die meisten Teilnehmer auch aus der Schweiz kommen, einem Land, in dem die Polizei schon nervös wird, wenn man bei Gelb über eine Ampel fährt.

Das Etappenziel des ersten Tages hieß St. Moritz. Die Route ging über Davos, das in Schnee verpackt viel hübscher aussieht als im Sommer, aber noch immer nichts Heimeliges an sich hat, weshalb dort ja auch alljährlich der Weltwirtschaftsgipfel stattfindet. Im Halbminutentakt schoben sich die Wagen die Hauptstraße entlang, aber niemand störte sich daran, im Gegenteil, die Menschen blieben verwundert stehen und winkten. Das hatte etwas Rührendes. Zu diesem Zeitpunkt waren zwei der Teilnehmer bereits nicht mehr im Rennen. Das Ehepaar saß in einem Packard, Baujahr 1924, dessen Motor rauchte bald nach dem Ortsausgang von Klosters, genauer gesagt: beim allerersten Anstieg. Ihr Wagen musste abgeschleppt werden.

Der Konvoi fuhr Richtung Julierpass, vorbei an Orten, die Zorten, Bonaduz und Castrisch heißen und sich so zauberbergromantisch in die Gegend schmiegen, dass man sich wünschte auszusteigen, einen Kaffee zu trinken und stundenlang auf die Berge zu schauen, aber natürlich wagte das niemand, da jeder pünktlich ankommen wollte am Ziel. Irgendwo bei Maloja zog sich der Himmel zu, und kurz darauf verschwand die Sonne, so plötzlich, als hätte jemand das Licht ausgeknipst.

Am Abend, es war bereits dunkel, stauten sich in St. Moritz die Oldtimer oberhalb des Sees, vor dem schlossartigen Badrutt's Palace, wo die Etappe endete und gutaussehende Frauen durch geöffnete Wagenfenster Glühwein und Pralinen reichten. Sämtliche Prada-, Gucci- und Versace-Läden hatten schon geschlossen, weshalb keine Pelze die Straßen entlangliefen. Die Menschen hatten sich wohl schon zum Nachtessen in eins der teuren Restaurants zurückgezogen, von denen es in St. Moritz ja genügend gibt. In dieser Gegend kann man selbst auf Berghütten für Rösti mit Kaviar dreihundert Franken ausgeben.

Das Kempinski Grand Hotel des Bains steht in St. Moritz Bad, ein Klotz, der so atmosphärelos anmutet, als sei er versehentlich hierhergeraten. Von der Lobbydecke gleißt dermaßen helles Licht, dass man sich vor ihm verstecken möchte. Besonders gern quartieren sich Russen in diesem Luxushotel ein, die sich allerdings überall in St. Moritz gern einquartieren, worüber hier nicht jeder erfreut ist. Gegen einundzwanzig Uhr trafen die Rallyeteilnehmer im verschneiten Hotelpark ein und tranken Champagner. Einige hofften, die russischen Blondinen aus dem vergangenen Jahr anzutreffen, die trotz Minustemperaturen gürtelschmale Röcke trugen und auf ihren Absätzen wie in Turnschuhen liefen, aber keine einzige ließ sich blicken. Dafür sprach ein freundlicher Herr der Tourismusbehörde, er schwärmte von «Saint-Maurice» und der Schönheit des Engadins, womit er zweifellos recht hatte, doch es war eisig kalt, wogegen auch die Heizstrahler nichts auszurichten vermochten, weshalb einige Teilnehmer wieder zurück ins Hotel huschten. Ein Basler, der vor einigen Jahren eine Garage anmieten musste, um all seine Oldtimer unterzubringen, von denen er inzwischen gar nicht mehr weiß, wie viele es eigentlich sind, erzählte vom vergangenen Winter, als ihm der Barkeeper einen Whiskey für mehrere tausend Franken anbot. Die Flasche stammte angeblich von der Titanic. Der Basler lehnte ab.

Es gab einen Satz, der während der Rallye immer wieder fiel. Er lautete, dass der Winter-Raid keine Kaffeefahrt sei, was angesichts der Jahreszeit nicht überraschte. Schließlich galt es, den Widrigkeiten der Natur zu trotzen und Eis und Schnee zu besiegen. Darin liegt der Reiz, es ist die beste Erklärung dafür, warum Menschen ihre Oldtimer drei Tage lang Pässe hinauf- und hinunterjagen, was weder für die Autos noch die Insassen komfortabel ist – schon gar nicht für jene, die mit Fliegerkappe und Brille in einem offenen Vorkriegswagen hocken.

Natürlich ging es den meisten darum zu gewinnen, dafür genügte ein Blick in die Autos, von denen manche ausgerüstet waren, als starteten sie bei der Rallye Paris–Dakar, mit Schnittcomputern und zahlreichen Stoppuhren, die unmöglich von einem einzigen Beifahrer bedient werden konnten. Jene, die ihr Auto ausführen und herumzeigen möchten wie sonst nur eine schöne Frau, melden sich besser zum sommerlichen Raid der Grands Palaces Suisses an. Präzises Fahren spielt dort keine Rolle, es darf in Ruhe geguckt und von Palasthotel zu Palasthotel gegondelt werden.

Bei wem es tagsüber gut gelaufen war, ließ sich abends in den Gesichtern ablesen. Bei wem es schlecht gelaufen war, auch. Im vergangenen Jahr bekamen die Teilnehmer während des Abendessens ein Blatt mit ihren Strafpunkten ausgehändigt. Das gemütliche Beisammensitzen war damit beendet, da nun jeder schwarz auf weiß lesen konnte, wie viele Sekunden oder Minuten er wo verloren hatte und welchen Platz im Gesamtklassement das bedeutete. Das führte zu grimmigen Mienen und Beschwerden bei der Rennleitung, die von dem Zorn, der da über sie hereinbrach, völlig überfordert war. In diesem Jahr wurden die Bögen jeweils am nächsten Tag überreicht, beim Frühstück, kurz bevor das Rennen weiterging und alle gedanklich in ihren Autos saßen. Zu diesem Zeitpunkt hatte niemand mehr Gelegenheit und Lust, sich zu beschweren.

Am schönsten ist St. Moritz im Morgengrauen, wenn die Nacht schon vorüber ist, aber der Tag noch nicht begonnen hat und die Sonne irgendwo hinter den Gipfeln hängt. Eine in blaues Licht getauchte Winterlandschaft, friedlich und still. Über den See verteilte sich eine Zeltstadt, wie jedes Jahr, für den Cartier Polo World Cup on Snow, eine der dekadentesten Veranstaltungen in St. Moritz.

Dass die Rallye nicht vor dem Kempinski startete, sondern in der nahen Via Rosatsch, lag wahrscheinlich daran, dass es sehr früh war und man im Kempinski annahm, die Gäste eines anderen Hotels würde der Lärm weniger stören als die eigenen. Jedenfalls knatterten die Motoren dermaßen laut, dass man am Vorabend schon reichlich getrunken haben musste, um ungestört schlafen zu können.

Von den vielen schönen Passstraßen der Schweiz ist der Berninapass einer der schönsten. Er lag an diesem Morgen in einer Mondlandschaft aus Schnee. Zu beiden Fahrbahnseiten türmten sich weiße Wände, es fühlte sich an, als würde man durch einen Tunnel fahren, der im Bau ist. In der Gegend standen ein paar Tannen, bald verschwanden sie ganz.

Paul Virilio hat die Windschutzscheibe eines Autos einmal mit einer Kinoleinwand verglichen. In beiden Fällen rauscht das Leben an einem vorbei, beim Fahren geht das derart schnell, dass die Entfernung zur abstrakten Größe wird und sich der Raum um einen herum auflöst. Die Welt verwandelt sich in eine Kulisse, durch die man hindurchbraust. Was bleibt, sind verschwommene Erinnerungsbilder, die sich am Ende nirgendwo zuordnen lassen. In einer Berglandschaft wie dieser ist das besonders traurig. Genau genommen geht es nicht mehr um Fortbewegung, sondern nur noch um Erlebniskonsum, und die Intensität dieses Konsums hängt natürlich davon ab, in welchem Auto man sitzt.

Mehr als sechzig Wagen waren in St. Moritz gestartet, doch auf dem Weg durch das dichtbewaldete Puschlav hinunter nach Italien zog sich das Feld auseinander. In Edolo parkten ein paar Oldtimer vor Cafés, es waren hauptsächlich jüngere Autos mit starken Motoren, deren Fahrer die verlorene Zeit spielend wieder aufholen konnten. Der Schnee wurde weniger, und die Sonne stand hoch am Himmel, als die Ersten zum Mittagessen in Girlan einliefen.

Girlan hat etwa zweitausend Einwohner, es liegt in der Nähe von Bozen an der Südtiroler Weinstraße, umgeben von Obstbäumen und Reben. Die Luft streichelte die Wangen so warm, als sei man vom Winter in den Frühling gefahren. Doch das bewog niemanden zum Verweilen, alle schaufelten ihr Essen in sich hinein, da es sie in die Dolomiten trieb, wo die Berge wie gezackte Skulpturen in den Himmel ragen. In der Tiefgarage des Hotels Weinegg gab es dann Ärger. Ein Volvo hatte einen Austin Seven Cooper und einen Porsche zugeparkt. Die Köpfe, die in den Porsche gehörten, glühten rot. Die der Volvoleute nicht.

Im Grunde lassen sich die Teilnehmer einer solchen Rallye in vier Typen einteilen. Da sind die betont Gelassenen, die so tun, als sei ihnen das Abschneiden völlig egal, was es nicht ist, weshalb sie oft verspannt wirken und man stets geneigt ist, sie nach ihrem Befinden zu fragen. Tut man das tatsächlich, reagieren sie gereizt. Dann gibt es die Pessimisten, die nach jeder Etappe jammern, am Ende aber weit vorne liegen. Das sind jene, die schon in der Schule andauernd jammerten, aber immer nur Einsen schrieben, was sie jedes Mal mit einem fassungslosen Gesichtsausdruck quittierten, der alle anderen nur noch wütender machte, weshalb sie in der Pause verprügelt wurden. Die Verbissenen sitzen meistens in einem Porsche und bleiben unter sich. Zumindest bei dieser Rallye fiel das nicht schwer, da elf der achtundsechzig gemeldeten Fahrzeuge Porsches waren. Wenn es um ihr Auto geht, verstehen sie keinen Spaß, wenn es um ihre Plazierung geht, auch nicht. Damit man sie erkennt, wenn sie einmal nicht hinter dem Steuer sitzen, tragen sie Porsche-Design-Kleidung.

Der sympathischste aller Typen ist der entspannte Typ, der über den Ehrgeiz der anderen den Kopf schüttelt. Es geht ihm um den Genuss der Landschaft. Sie vermittelt ihm das Gefühl, sich an ihr zu vergreifen, würdigte er sie nicht. Aus diesem Grund sieht man seinen Wagen oft am Wegesrand stehen und ihn selbst in die Ferne schauen. Auch die vorgegebenen Routen haben nichts

Zwingendes. Abends trifft er ein, wenn die Verantwortlichen das Etappenziel abbauen und die Gruppe beim Essen sitzt. Bedauerlicherweise begegnet man ihm bei dieser Rallye selten.

Unter den Teilnehmern befand sich auch eine Handvoll *gentlemen driver*, von denen einer aussah, als würde er im nächsten Augenblick sein Pferd satteln und davonreiten. Seltsamerweise saß er in keinem Bentley Donington, sondern in einem Lancia.

Im Gegensatz zu den Pässen der Schweiz waren in Südtirol manche von einer dünnen Schneeschicht überzogen, und die Fahrzeuge mit Hinterradantrieb drifteten um die Kurven. Man fuhr durchs zugebaute Grödnertal, durch St. Ullrich und Wolkenstein, weiter nach Corvara, den Pordoi-Pass hinauf Richtung Canazei. In jedem Ort rumpelten Skifahrer in ihren Skischuhen über den Asphalt, unterwegs zur nächsten Bushaltestelle. In wenigen schimpften die Leute angesichts des Lärms und Gestanks, den die Autos verbreiteten. Die Sonne spielte mit dem Kleinen Lagazuoi, einem 2778 Meter hohen Berg, der wie ein in den Boden gerammter Betonblock anmutet. Österreichische Kaiserjäger und italienische Alpini führten hier während des Ersten Weltkriegs einen Stellungskrieg in Schnee und Eis, bei Temperaturen bis vierzig Grad minus. Mindestens hundertfünfzigtausend Menschen starben in diesem Alpenkrieg, durch die Hand des Feindes oder die der Natur. Es war schon lange dunkel, als das Gros der Wagen in Bozen eintraf.

Tag drei, das bedeutete müde Gesichter und Autos, die

dringend eine Waschanlage benötigten. Neun Wagen waren mittlerweile ausgeschieden, alle wegen Motorenproblemen, Unfälle hatten sich keine ereignet. Nirgendwo unterwegs verschwand eine Landschaft wieder so schnell aus dem Kopf wie die zwischen Bozen und Schlanders. Sie flog vorbei in ihrer Langeweile. Nichts, das sich einprägte. Ganz anders der Schweizer Nationalpark, hundertsiebzig Quadratkilometer Natur, die das tatsächlich war und nicht nur als solche präsentiert wurde. Keine Skilifte, keine Hotelburgen, nur tiefverschneiter Winterwald. Wie festgefroren harrten die Tannen dort aus, wo die Sonne nie hinkommt. Ihre Zweige bogen sich unter der Last.

Vielleicht geschah es in Glurns, vielleicht auch in Zuoz, jedenfalls versuchte in einem dieser Orte ein alter Mann die Straße zu überqueren, womit er lange Zeit kein Glück hatte, da ständig ein Auto vorbeirollte. Er stützte seinen Körper auf einen Stock, und man hätte sofort Verständnis gehabt für seine Wut. Aber sein Gesichtsausdruck zeugte trotzdem nicht von Ärger, es war eher ein Staunen darüber, was seinem Dorf widerfuhr.

Das Ziel lag im Zentrum von Lenzerheide, neben dem zugefrorenen See, auf dem der Oldtimer-Eisslalom stattfand. Ringsherum jubelten die Leute, mehr als hundert waren gekommen, tranken Prosecco und blinzelten in die Sonne. Der Moderator schien keinerlei Ahnung von Autos zu haben, oder er interessierte sich nicht für sie, anders lässt sich nicht erklären, weshalb er eine Verwechslung nach der nächsten ins Mikrophon stammelte. Im Hotel Lenzerhorn saß man am späten Nachmittag auf Holzbänken beisammen. An manchen Tischen war die Stimmung miserabel, weil sich Fahrer und Beifahrer gegenseitig Versagen vorwarfen. Es wurde Fondue serviert, und die Sieger nahmen ihre Pokale entgegen. Den Raid gewann ein Lancia 1.6 HF Coupé, Baujahr 1970, aus Deutschland.

## Widerstand im Innern

Die Maschine ist ein Monster, geschaffen aus Stahl, vierhundertfünfzig Meter lang, dreitausend Tonnen schwer, überzogen von Stufen, Stegen, Schläuchen. An ihrem Kopf ein gigantischer Bohrer mit zweiundsechzig Rollmeißeln, die sich durch den Berg fressen und auf ein Förderband spucken, was sie herausbrechen aus ihm. In ihrer Mitte der Führerstand, ein kleiner Kasten, in dem der Tunnelvortrieb mit Computern überwacht wird. Über den Bildschirmen hängt ein blondes Pin-up, die heilige Barbara, sagt ein Mineur, Schutzpatronin aller Bergleute. Die Mineure laufen über die Maschine, verpackt in eine Montur aus Stiefeln, Helmen, Handschuhen, Grubenlampen, und treiben Verankerungen in den Fels, der Wasser verliert. Die Luft ist voll von Staub und Hitze und Dröhnen, und unter den Füßen vibriert es, als stünde man auf einer Waschmaschine, die schleudert. Vom Ende der Maschine fällt der Blick zurück, in ein schwarzes Loch hinein. Das Tageslicht ist sieben Kilometer entfernt. Eine Schmalspurbahn bringt einen hinaus, manchmal sind es auch die eigenen Beine, je nachdem. Der Berg ist das Gotthardmassiv.

Am Ende, 2017, so die Natur will, wird er an seinem Fuß bezwungen worden sein. Durch den Berg wird sich eine Flachbahn ziehen, zwei Einspurröhren mit Querschlägen alle 325 Meter, zwei doppelten Spurwechseln, zwei Nothaltestellen, siebenundfünfzig Kilometer insgesamt, der längste Eisenbahntunnel der Welt. Von Erstfeld im Norden nach Bodio im Süden. Vom Kanton Uri ins Tessin. Er wird die Transportkapazität auf der Gotthardachse von zwanzig auf vierzig Millionen Tonnen erhöhen und die Fahrzeit von Zürich nach Mailand von drei Stunden vierzig auf zwei Stunden vierzig verkürzen. Die Züge werden mit mehr als zweihundert Kilometern in der Stunde durch den Berg rasen. Der Weg ist eben und der Mensch wird die Steigung von wenigen Promille nicht wahrnehmen. Genau genommen bedeutet das die Negierung des Berges. Man fährt einfach gerade hindurch. Bei Nacht verschwindet er ganz, für die Augen, die ihn nicht sehen, und den Körper, der ihn nicht spürt.

Als sich die Alpen vor Jahrmillionen falteten, stellten sich die Gesteinsschichten steil auf. So wie der Berg auf seiner Oberfläche aussieht, ist er auch in seinem Inneren beschaffen. Jedes Gestein hat seine Eigenschaften und Eigenarten und reagiert auf unterschiedliche Weise, wenn ein Loch gebohrt und dem Berg sein Gleichgewicht genommen wird. Manches Gestein macht es den Tunnelbauern leichter, manches schwerer, manches unmöglich. Bevor sich der Mensch in einen Berg gräbt, muss er seinen Rücken untersuchen. Deshalb liefen Geologen über das Gotthardmassiv, klopften Steine, zersägten sie, fertigten Dünnschliffe an, legten diese unter ein Mikroskop und erstellten ein geologisches Profil, das den Berg in Zonen unterteilt und Gefahrenstellen markiert. Neunzig Störzonen benannten die Geologen insgesamt. Roger Rütti sagt: «Ein Stein ist nicht nur ein Stein, er bedeutet immer etwas.»

Er steht auf einem Parkplatz zwischen Containern, in denen sich die Bergleute für ihre Schicht im Teilabschnitt Erstfeld umziehen, einen Kaffee trinken, sich ausruhen. Roger Rütti ist Geologe, er hat in Lausanne studiert und an der Eidgenössischen Technischen Hochschule Zürich seine Doktorarbeit über Strukturgeologie und Metamorphose im Tessin geschrieben. Während seines Studiums bewegte er sich oft im Gebirge und schlug mit Meißel und Hammer Handstücke aus Berg und Fels. Er hat erfahren, dass ein Glimmerschiefer weicher als ein heller Gneis ist, dass überhaupt helles Gestein seine Werkzeuge stärker abnutzte und seinen Körper forderte, bis er schwitzte. Er war immer auf Bergen unterwegs, aber nie ist er in einem drin gewesen. Bis er 2007 hierherkam, hatte er keine Ahnung vom Tunnelbau. Er sagt: «Ich kann den Berg nicht wie ein Ingenieur in Zahlen fassen, aber mir sagt das Material etwas. Ich weiß, wie sich das Gestein verhält.»

Roger Rütti fährt jede Woche zwei-, dreimal in den Tunnel ein. Er nimmt ein Blatt Papier mit, auf dem er jeden Meter Gestein dokumentiert. Er schaut sich den Fels an, er spricht mit Mineuren und Polieren und beurteilt die Ausbruchssicherheit. Gefährliche Stellen stärken die Tunnelbauer mit Ankern, die sie wie einen Dübel in gebohrte Löcher schieben und aufblasen, bis sie sich gegen den Fels sperren. Sie spannen auch Armierungsnetze und versiegeln den Berg mit Spritzbeton. Einmal hörte Roger Rütti, wie der Berg knackte. Das Knacken war nicht so laut, dass es sich über den Lärm der Tunnelbohrmaschine gelegt hätte, aber Roger Rütti hatte das Geräusch nie zuvor gehört, deshalb nahm er es wahr. Es machte ihm keine Angst, aber es beeindruckte ihn. Aus seinem Augenwinkel sah er, wie ein Mineur den Berg anstarrte. Es löste sich ein Stein.

Beschreibt man die geologischen Merkmale des Gotthardmassivs von Norden nach Süden, zerfällt der Berg in sechs Stücke. In das Aarmassiv, das Tavetscher Zwischenmassiv, die Urseren-Garvera-Zone, das Gotthardmassiv, die Piorazone und die Penninische Gneiszone. In jedem Abschnitt stellen sich Mensch und Technik verschiedene Gesteine entgegen und türmen sich über ihnen zwischen tausend und zweitausendfünfhundert Meter auf. Im Norden ist der Berg hart. Er setzt sich aus Gneisen und Graniten zusammen, das sind ehemalige Sedimentgesteine, die vor vielen Millionen von Jahren in eine Gebirgsbildung geraten sind und zu kristallinem Gestein wurden. Je nachdem, wie viel Gebirge auf einen Hohlraum drückt, macht sich der Berg, gezwungen, die Spannung umzuverteilen, stärker oder schwächer bemerkbar. Die Spannungsumlagerungen müssen sich irgendwo entladen. Fester Stein spaltet sich und platzt ab. Das kann ein kleiner Stein sein, es kann aber auch ein Felsbrocken sein, der aus der Wand schießt, als explodierte er. Bergschlag nennt man das. Er ist nicht vorherzusehen und lebensgefährlich.

In seiner Mitte ist der Berg weich. Das Gestein des nördlichen Tavetscher Zwischenmassivs lässt sich leicht verformen, es besteht aus Schiefer und Gneisen, die die Alpenfaltung zu einem bröseligen Gemisch zerrieben haben.

Es heißt Karikit. Eine Tunnelbohrmaschine könnte sich, davon umgeben, nicht gegen den Fels verspannen und würde einfach im Berg versinken wie in einem Moor. Deshalb sprengen sich die Tunnelbauer durch das druckhafte Gebirge oder kratzen den Berg aus. Das ist mühsam, da sie den frisch ausgebrochenen Hohlraum sofort absichern müssen, sonst hielte er dem Druck nicht stand. Das Gestein dehnte sich aus und verengte die Röhre. Man wusste, dass das nördliche Tavetscher Zwischenmassiv eine der schwierigsten Stellen des Berges werden würde.

Genauso wie die Pioramulde. Sie liegt eingeklemmt zwischen Gotthardmassiv und Penninischer Gneiszone, nicht länger als hundertfünfzig Meter, gefüllt mit zuckerkörnigem Dolomit. Der wassergesättigte Gesteinsbrei steht unter hohem Druck, und das macht seine Überwindung schwierig. Bei Probebohrungen Mitte der neunziger Jahre strömte das Gestein aus dem Berg, ergoss sich über die Kantonalstraße und begrub sie unter sich. Um zuckerkörnigen Dolomit zu verfestigen, muss man seinen Druck reduzieren und Zement und Harz in den Berg pumpen. Das kostet sehr viel Geld und Zeit, heißt aber nicht automatisch, dass es auch funktioniert. Eine weitere Probebohrung ergab glücklicherweise, dass der Berg auf Tunnelniveau fester war. Gut möglich, dass die Schweizer den Gotthard-Basistunnel niemals gebaut hätten, wäre es anders gewesen.

Im Süden ist der Berg hart wie im Norden. Die Geologen prognostizierten leichtes Spiel mit den Leventina- und Lucomagno-Gneisen. Aber sie täuschten sich. Wegen der parallel zur Tunnelrichtung liegenden Gesteinsschieferung fand der Berg sein Gleichgewicht erst nicht und die bereits betonierte Sohle hob sich. Die Geologen täuschten sich auch, was die Wassermenge betraf, die aus dem Berginneren rinnen würde. Sie rechneten im Teilabschnitt Erstfeld mit fünfzig Litern pro Sekunde, jetzt sind es dreihundertfünfzig, die in Wasserbassins aufbereitet, gekühlt und später in Flüsse geleitet werden. Man kann einen Berg abgehen und sein Gestein analysieren. Man kann ihn anbohren und vermessen und manipulieren, aber man kann ihn nicht röntgen. Es bleibt immer ein Restrisiko.

Der Bauherr des Gotthard-Basistunnels ist die Alptransit, eine Tochtergesellschaft der Schweizerischen Bundesbahn, sie sitzt in einem langgezogenen Gebäude am Rand des Luzerner Hauptbahnhofs. In einem der Büros arbeitet Heinz Ehrbar, der den Tunnel- und Trasseebau des Gotthard-Basistunnels leitet. An seiner Wand hängt ein geologisches Profil des Gotthardmassivs, mit sehr vielen Linien und Zahlen versehen. Er sagt: «Jetzt gibt es kein Zurück mehr, wir müssen durch den Berg.»

Heinz Ehrbar ist seit Beginn des Projekts Mitte der neunziger Jahre an ihm beteiligt und einer von sehr vielen Ingenieuren. Er trägt einen Anzug und das graue Haar gescheitelt. Alles an ihm ist auf zurückhaltende Art freundlich. Er hat damals eine Gruppe von Ingenieuren geleitet, die Pläne gezeichnet und den Berg berechnet haben. Er hat sich mit Geologen beraten und überlegt, wie das Gestein reagiert, wenn man ein Loch hineinbohrt. Er hat sich gefragt, wie sich dieser Eingriff auf die Stabilität des

Berges auswirkt, und auf das Wasser, das in seinem Inneren zirkuliert. Wo die Geologie große Gefahren birgt und wo kleine. In welchem Winkel man sie am besten durchfährt. Er hat sich auch überlegt, mit welchen Techniken und Materialien man dem Berg beikommt und wie viele Querschläge nötig sind, damit sich die Menschen bei Gefahr in die andere Röhre retten können. Er hat sich den Berg nicht wie einen Feind angeschaut, sondern wie ein Hindernis, das überwindbar ist.

Es gab Ingenieure, die glaubten nicht daran. Das sind nicht irgendwelche Ingenieure gewesen, sondern solche, die Ansehen genießen. Sie sagten, niemals kommt ihr durch diesen Berg.

Heinz Ehrbar sagt: «Ich habe nie daran gezweifelt, dass es funktioniert.»

Die Männer um den Schweizer Ingenieur Louis Favre zweifelten auch nicht, als sie sich im September 1872 aufmachten, den St. Gotthard von Airolo und Göschenen aus zu bezwingen. Mit Bohrgerät, Schwarzpulver, Pickel und Schaufel rückten sie gegen den Berg an, aber der Berg verlangte ihnen alles ab. Aus seinem Bauch sprudelte Wasser, und wo das Gestein weich war, gab es nach. Sie nannten den Berg bald «Gottardo maledetto», verfluchter Gotthard. Die Tunnelbauer schliefen auf Säcken, gefüllt mit verfaultem Stroh, viele von ihnen erkrankten wegen des Granitstaubs an Silikose, die Bezahlung war miserabel, die Sicherheitsvorkehrungen auch. Bei Göschenen streikten die Mineure drei Jahre nach Baubeginn. Die Bürgerwehr schoss in die Menge, tötete vier Männer und verletzte viele schwer. Louis Favre erlebte nicht, wie sich die fünfzehn Kilometer langen Röhren 1880 trafen. Er war im Tunnel unterwegs, als seine Bauch-Aorta riss und er verblutete. Mit dem Tunnel stellten die Schweizer damals einen Rekord auf. Heute tun sie es wieder.

Es gibt Wochen, da sitzt Heinz Ehrbar die meiste Zeit in seinem Luzerner Büro, es gibt aber auch Wochen, da ist er ständig irgendwo im Berg unterwegs. Es verblüfft ihn immer noch zu sehen, wie das, was er und andere Ingenieure sich am Schreibtisch ausgedacht haben, in der Natur verwirklicht wird. «Wenn Sie auf eine Baustelle kommen», sagt er, «haben Sie das Gefühl, dort passiert nichts und alle machen Pause. Wenn Sie zwei Monate später wiederkommen, sehen Sie, wie viel tatsächlich passiert ist.» Es verblüfft ihn auch die komplizierte Arbeit der Vermesser, die dafür verantwortlich sind, dass sich die Röhren am Ende treffen. Beim letzten Durchschlag zwischen Erstfeld und Amsteg hätte die Ungenauigkeit, ein paar Millimeter nur, auf einem Fünf-Franken-Stück Platz gehabt.

Damit es schneller geht, höhlen die Schweizer das Gotthardmassiv nicht nur von seinen Enden her aus, sie sprengen und bohren sich an drei weiteren Stellen in es hinein, in Sedrun, Amsteg und Faido, aus der Höhe und von der Seite. Am schwierigsten ist der Zwischenangriff von Sedrun aus gewesen, tausendvierhundert Meter hoch und im Kanton Graubünden gelegen. Dort trieben die Tunnelbauer einen tausend Meter langen Stollen waagrecht in den Berg und bohrten von dort aus zwei achthundert Meter tiefe Schächte, senkrecht, unter der Verantwortung der südafrikanischen Shaft Sinkers AG, die im Goldminengeschäft Erfahrung hat. Ohne die Zwischenangriffe kostete allein der Rohbau zwanzig Jahre Arbeit. Deshalb gräbt man ein hundertdreiundfünfzig Kilometer langes Tunnelsystem und holt vierundzwanzig Millionen Tonnen Schutt aus dem Berg. Er würde die Cheopspyramide fünfmal füllen. Einen Teil davon verarbeiten Maschinen auf den Baustellen zu einer Betonbeimischung, die wieder in den Berg gelangt. Mit dem Rest werden Steinbrüche gefüllt und Inseln aufgeschüttet, zum Beispiel im Vierwaldstättersee.

Die Tunnelführung verläuft in einem leicht geschwungenen S. Von der Luft aus betrachtet ahnt man davon nichts. Man blickt auf einen Gebirgszug mit zackigen Gipfeln, einige über dreitausend Meter hoch. Man sieht eine Landschaft aus Bergen, Seen, Weilern, Passstraßen, Dörfern. Man sieht Gletscher und Skipisten, Wiesen und Wälder. Schluchten, die sich ins Gebirge schneiden und darüber Brücken. Schmale Seitentäler, die irgendwo enden. Man sieht, was man erwartet hatte, und trotzdem sucht man nach einem Hinweis darauf, was unter der Oberfläche vor sich geht.

Dass die Ingenieure das Gotthardmassiv nicht auf geradem Weg durchbrechen, liegt an seiner Geologie und daran, dass sie sich nicht unter den drei Staumauern hindurchgraben wollten, aber auch nicht unter den allerhöchsten Gipfeln, da mit jedem Höhenmeter die Felstemperatur steigt. Während der Bauarbeiten wäre es zu teuer geworden, die Tunnelluft von mehr als vierzig Grad auf die gesetzlich vorgeschriebenen achtundzwanzig Grad zu kühlen, und später wäre es für die Züge zu heiß geworden und der Betrieb nicht aufrechtzuerhalten. Man einigte sich schnell auf die S-Form.

Der Bau des Gotthard-Basistunnels ist ein Projekt, das die wissenschaftlichen Grenzen verschoben hat, weil Geologen, Ingenieure und Tunnelbauer Probleme lösen mussten, für die es bislang keine Lösungen gab. Experimente wären dabei zu riskant gewesen, weshalb man sich nach Systemen umsah, die ihre Tauglichkeit bereits irgendwo auf der Welt bewiesen hatten. Die Ingenieure mussten zum Beispiel eine Antwort auf die Frage finden, wie man das druckhafte Gebirge im Tavetscher Zwischenmassiv derart absichern kann, dass einem der Berg nicht von allen Seiten entgegenkommt. So gelangten sie nach Deutschland, genauer gesagt nach Ibbenbüren, wo Steinkohle aus der Erde gefördert wird. In tausendfünfhundert Metern Tiefe besichtigten sie, was nötig ist, um sich den Berg vom Leib zu halten. Sie haben sich für einen Tunnelbau mit Bergbaumethoden entschieden. Sie übernahmen die Idee der ineinander verschiebbaren Stahlbögen, die, in den Stollen eingezogen, ihn stabilisieren. Das Besondere an ihnen ist, dass sie sich einerseits gegen den Berg stemmen und anderseits seinem Druck nachgeben, bis das Gleichgewicht wiederhergestellt ist. Da sich die Dimensionen in der Grube von denen im Berg unterscheiden, entwickelten Ingenieure gemeinsam mit der Industrie und der Bergbautechnik für das Gotthardmassiv passende Stahlbögen. Das gab es in der Geschichte des Tunnelbaus noch nie.

Bei jedem großen Bauprojekt ist irgendwann ein Augenblick erreicht, an dem die Umkehr unmöglich geworden ist. Auf den Gotthard-Basistunnel schaut die ganze Nation. Das ist von Anfang an so gewesen, sie finanziert die neun Milliarden Franken, die er kosten wird, ja mit. Der Bevölkerung ließe sich jetzt nur schwer erklären, würde der Berg auf einmal die Technik besiegen und nicht umgekehrt. Manchmal aber passiert genau das. In Schweden etwa, beim Bau des Hallandsas-Tunnels. Seit Jahren versuchen die Tunnelbauer vergeblich, eine schwierige Stelle zu bewältigen. Nichts ließen sie unversucht, sogar mit Chemie haben sie den Berg behandelt, bis die Kühe auf seinen Weiden umfielen. Jetzt frieren sie ihn ein. Sie leiten Vereisungsflüssigkeit in sein Inneres, damit er dort, wo er weich ist, hart wird. Sie wollen den Berg nicht aufgeben.

An diesem Morgen ist Franz Steiner um fünf Uhr dreißig in den Tunnel eingefahren. So ist es gestern schon gewesen und vorgestern und den Tag zuvor. Seit sechs Jahren geht das so, ein ums andere Mal, sechs Tage Arbeit, acht Tage frei. Seine Schicht dauert bis siebzehn Uhr, mit einer Stunde Mittagspause, die er im Loch verbringt, es zu verlassen würde sich nicht lohnen. «Man gewöhnt sich an alles», sagt er. Im Tunnel ist es seltsam still, die Maschine der Herrenknecht AG aus Schwanau, Deutschland, verspannt sich neu, seine Maschine. Einmal blieb sie stecken, da war das Gestein porös, es fühlte sich an, als stünden sie in einer Kiesgrube. Die Maschine aus dem Berg zu befreien dauerte Monate.

Franz Steiner ist Maschinist, groß und breit, sein Händedruck wirkt nach. In seiner Stimme klingt eine irritierende Sanftheit mit, und es dauert einen Augenblick, bis man beides zusammenbringt, die Erscheinung und die Stimme. An guten Tagen schaffen die Tunnelbauer vierzig Meter Vortrieb, an schlechten fünf. Franz Steiner trägt dafür Sorge, dass die guten Tage überwiegen, ansonsten kommt es den Bauherren noch teurer, deshalb wird die Maschine jeden Tag sechs Stunden gewartet. Immer ist irgendetwas an ihr zu tun, elektrisch, mechanisch, hydraulisch, mal müssen die Rollmeißeln gewechselt werden, mal die Pumpen ausgetauscht. Auf den ersten Blick ist das keine gefährliche Arbeit, aber das täuscht, denn die Arbeit in einem Berg ist immer gefährlich. Das Licht ist schlecht, auf den Stufen und Stegen ein Ausrutschen leicht möglich, und der Berg ist unberechenbar. Aber Franz Steiner fürchtet ihn nicht.

Seit die Bauarbeiten am Gotthard-Basistunnel 1997 begannen, haben sieben Mineure ihr Leben verloren. Einen erschlug ein herabstürzender Felsbrocken nach einer Sprengung, andere überrollte die Stollenbahn oder ein Lastwagen. Franz Steiner hat bislang keine ernsthaften Verletzungen erlitten, einmal nur geriet ein Splitter in sein Auge. Er ließ ihn sich in einer Luzerner Klinik entfernen, schon am nächsten Tag arbeitete er wieder. Es ist das zweite Mal gewesen, dass er Luzern besuchte, das erste Mal hatte er sich die Stadt angesehen und den See davor. Ein einziges Mal in sechs Jahren, obwohl Luzern nur eine Stunde entfernt ist. Für mehr reichte die Zeit nicht, und der Körper hätte sich wohl auch gewehrt. Franz Steiner sagt:

«Wenn man sich aus seinem Rhythmus reißt, kommt man nicht wieder rein.»

Die, die den Tunnel ausbrechen, leben währenddessen in einem Barackendorf in Amsteg, allein in einem Zimmer oder zu zweit. Franz Steiner schläft für sich. Und jetzt, wo der Sommer verschwindet, schläft er wieder gut. Vor ein paar Wochen, als die Hitze unerträglich war, schlief er manchmal gar nicht. Da kroch die Erschöpfung in all seine Glieder, und morgens wankte er in den Berg. Abends klingt der Lärm lange nach. Auch die Augen leiden. Sie sehen den Tag über den Himmel nicht, und wenn sie ihn dann sehen, schmerzt sein Anblick. «Als würde man wiedergeboren», sagt Franz Steiner. Die Mineure, deren Schichten zwar kürzer sind, die dafür aber weniger freie Tage haben, gehen des Lichts wegen ins Solarium.

Am 16. Juni 2009 durchbrach die Tunnelbohrmaschine in der Oströhre das Teilstück zwischen Erstfeld und Amsteg, sechs Monate früher als geplant. Der Schweizer Verkehrsminister Moritz Leuenberger und mehr als sechshundert Gäste reisten an, darunter viele prominente Namen. Es gab ein Büfett, Alkohol und Reden. Moritz Leuenberger nannte den Gotthard-Basistunnel das «längste Weltwunder». Er gratulierte allen Beteiligten, und er gratulierte seinem Land, das sich in mehreren Volksabstimmungen für den Tunnel ausgesprochen hat. Franz Steiner war gerührt.

An seinen freien Tagen fährt er nach Kärnten, wo er mit einer Frau und einer elfjährigen Tochter lebt. Ein Bus, von der Firma gestellt, bringt ihn dorthin. Acht Tunnelbauer sind sie insgesamt, die aus Kärnten kommen, immer fahren sie gemeinsam, siebenhundert Kilometer, und am Ende von Dorf zu Dorf. Am ersten Tag schläft Franz Steiner lange, nicht vor elf steht er auf. Er geht oft fischen. Er liebt das Fischen, fährt mit seinem Boot, das am nahen Millstätter See liegt, hinaus, so weit, bis alle Geräusche verschwunden sind.

Bald wird der nächste Durchbruch gefeiert, wieder zwischen Erstfeld und Amsteg, in der Weströhre dieses Mal. Danach wird die Tunnelbohrmaschine in lauter Einzelteile zerlegt und aus dem Berg geschafft. Bis Weihnachten hat Franz Steiner noch auf ihr zu tun, dann ist es vorbei. Er weiß nicht, was die Zukunft bringt, die Krise hat die Bauindustrie schwer getroffen, und die Firma, bei der er arbeitet, hat im Moment keinen neuen Job für ihn. «Ich bin Schlosser», sagt er, «mit Meisterbrief.» Wenn er keine Arbeit fände, wie sollte das erst den Ungelernten gelingen.

Am Ende steht man vor dem nördlichen Tunnelportal, eingebettet in eine Landschaft aus Straßen, Schienen, Orten. Das Tal ist eng, durch seine Mitte fließt ein breiter Fluss. Eigentlich ist nichts Besonderes an dieser Landschaft, sie fällt gar nicht weiter auf. Wäre da nicht dieser riesige Berg und in seiner Mitte ein kleines Loch.

## Im Einklang

Sein Gang. Diese Gleichmäßigkeit, als bewegte er sich auf einer Straße. Bedächtig, jeder Steigung trotzend, den Blick auf den Pfad gerichtet, der Atem kaum hörbar. Sein Körper. Leicht vornübergebeugt, unbeirrt einen Fuß vor den anderen setzend. Ein Meter fünfundachtzig im Einklang. Nie, dass er sich selbst im Weg wäre. Unter den endlosen Möglichkeiten, ein Geröllfeld abzusteigen, wählt er ohne darüber nachzudenken die einfachste. So sieht es aus, wenn ein Mensch mit dem Gebirge verwachsen ist.

Die Berninagruppe liegt an diesem Tag so ungetrübt vor einem, als hätte sie jemand hineingetupft in die Landschaft und Gipfel und Hänge weiß getüncht. Den Piz Palü, Pontresinas Hausberg, den Piz Bernina, den Bianco-Grat, die vergletscherte Bellavista. Seit fünfzig Wintern hat es im Oberengadin nicht so viel geschneit wie im vergangenen, selbst im Juli ist der Schnee nicht geschmolzen. Die Sonne steht niedrig und blass am Himmel.

Marco Salis ist einundsechzig Jahre alt. Ein großer, schlanker Mann mit grauem Haar, warmen Augen und einem Gesicht, in dem man sich aufgehoben fühlt, ohne es lange zu kennen. Er ist Bergführer und Rettungschef der Rettungsregion Oberengadin des Schweizer Alpen-Clubs. Er trägt eine dunkle Hose, eine Jacke aus Fleece und einen Rucksack. In dem Rucksack verstaut er eine Thermoskanne

Tee, Verbandszeug, eine kleine Apotheke, Schokolade, belegte Brote, Funkgerät und Handy.

Von der Diavolezza zum Munt Pers, dem verlorenen Berg, der wie geköpft anmutet, zieht sich ein steiniger Weg den Bergrücken entlang. Das letzte Stück geht er in Kehren über, bis auf 3207 Meter hinauf, wo die Luft dünn wird und das Atmen schwer. Das Gelände ist steil, rechts und links Geröll, dazwischen kleine Schneefelder. Manchmal schieben sie sich einem direkt vor die Füße. Zu dieser Tageszeit ist der Schnee noch gefroren, Marco Salis versinkt kaum darin. Er muss mit Kraft auftreten, um nicht abzurutschen, aber nie mit der flachen Sohle, immer mit der Kante des Schuhs. «Wie beim Skilaufen», sagt er.

Er wuchs im Bergell auf, im Süden Graubündens, eingerahmt von den Bergeller und den Rätischen Alpen. Die Familie lebte auf einem Hof, er stand an einem steilen Hang, der von Hand bewirtschaftet werden musste, weil Maschinen gegen ihn nicht ankamen. Kehrte er von der Schule zurück, halfen er und seine drei Geschwister dem Vater im Stall oder beim Heuen auf dem Feld. Es gab keine Ferien, keine Reisen ans Meer, keine Bergtouren. Es gab nur Arbeit und davon viel. Aber der Vater nahm ihn mit zur Jagd. Sie brachen in der Dunkelheit auf, stiegen hinauf und beobachteten, wie sich die Nacht davonstahl. Sie lasen die Spuren der Tiere und folgten ihnen durch zerklüftetes Gelände. Hatten sie Glück, erlegten sie einen Steinbock oder eine Gemse. Und Glück hatten sie oft. Keine Felswand, die sie nicht zu überwinden versuchten. Nur das Geschick ihrer Körper half ihnen dabei, gelegentlich noch ein Seil und ein Haken.

Es war die Zeit, als der Mensch das Gebirge noch nicht manipuliert hatte. Als der Berg noch Berg war, und keine von Kletterrouten und Aufstiegshilfen überzogene Felsformation. Der Vater scheute die Gefahr nicht. Für die, die den Berg erfahren wollen, ist das unausweichlich. Er spielte aber auch nicht mit ihren Leben. Er kannte sich aus in der Natur. Ihr Respekt entgegenzubringen lernte Marco Salis von ihm. Irgendwann entwickelte er ein Gespür für den Berg.

Gegenüber, auf dem Piz Palü, zwischen Ost- und Mittelgipfel, ist eine Handvoll Menschen unterwegs. Schwarze Punkte, erkennbar nur durch das Fernglas. Sie müssen gegen vier, halb fünf Uhr am Morgen aufgestiegen sein, vor Sonnenaufgang. Der Schneegrat ist höchstens dreißig Zentimeter breit, auf der einen Seite fällt die Wand vierhundert Meter in die Tiefe, auf der anderen neunhundert. Die Seilschaften bestehen aus zwei, drei Leuten. Je näher sie hintereinandergehen, desto leichter fällt es, einander festzuhalten, wenn einer stolpert oder seine Steigeisen verhakt. Oft sieht man Alpinisten, die genau das nicht tun, die fünfzig Meter Seil trennen, das ohne Spannung zwischen ihnen hängt, während der eine fotografiert und der andere vielleicht das Gleichgewicht verliert. Dann ist es vorbei, für beide. Der Berg verzeiht einem keine Unachtsamkeit.

Marco Salis war vierzehn, als er mit dem Klettern begann, mit zwanzig ließ er sich zum Bergführer ausbilden.

Er besuchte die Polizeischule und wurde Bergspezialist. Seither rettet er verunglückte Menschen, manchmal rettet er auch deren Leben. Obendrein dokumentiert er die Unfälle, er erledigt, was an Formalitäten zu erledigen ist, und informiert die Angehörigen. Es geht um die Frage der Schuld und das Geld der Versicherungen. Am Ende entscheidet das Gericht. Er nimmt auch die Fälle abgestürzter Kleinflugzeuge auf. Manche gerieten in ein Gewitter, andere zerschellten an einem Fels. Vor ein paar Jahren stürzte ein Hubschrauber in der Nähe von St. Moritz ab. Der Pilot wollte nach Mailand, die Garderobe einer reichen Frau abholen, als das Wetter umschlug.

Vom Gipfel des Munt Pers kennt der Blick kein Ende. Die Berninagruppe im Südwesten und im Osten die Stubaier Alpen, die Ortlergruppe mit Königsspitz, nicht mehr als erahnbar. Der Morteratschgletscher krümmt sich wie eine kranke Echse, seine Ränder schimmern dunkelgrau. Würde über ihm kein Flugzeug kreisen, man hörte allein den Wind.

Mit Mitte zwanzig lieh die Kantonspolizei Marco Salis als Sicherheitsbegleiter an die Fluggesellschaft Swiss aus. Er flog um die Welt, er sah Casablanca, er sah Tel Aviv, Dakar, Darresalam. Er stand am Strand von Rio de Janeiro. Er sah Amerikas Ostküste. Eines Abends, gleich nachdem er in Zürich gelandet war, nahm er den Zug nach Pontresina. Es war tiefer Winter, die Temperatur fünfzehn Grad im Minus, der Schnee lag meterhoch. Er schlief wenige Stunden, dann ging er jagen. Sein Bedürfnis, sich in der Landschaft zu bewegen, in die er hineingewachsen war, überwältigte ihn. Weil in ihr etwas Außergewöhnliches mit ihm geschieht; er ist ganz bei sich.

Noch am selben Tag musste zu einem nächsten Einsatz zurück nach Zürich.

Er hatte sich vor dieser Zeit nicht nach der Ferne gesehnt, danach war es ausgeschlossen, dass er sich jemals nach ihr sehnen würde. Nicht dass sie ihm missfiele, er fühlte sich einfach unbehaust in ihr. Man könnte Marco Salis in irgendeinem Gebirge dieser Welt aussetzen, er fände sich zurecht. In Städten dagegen befällt ihn Unbehagen, und er verliert leicht seinen Orientierungssinn.

Die Salis' leben in Pontresina, das Haus steht erhöht, mit stundenlanger Sonne am Tag und Blick über Ort und Wald. Sie besitzen Ländereien im Bergell und ein denkmalgeschütztes Haus von 1683. Sie bauen es gerade um. Die Söhne, beide in der Maurerlehre, helfen ihnen dabei. Marco Salis ist mit einer Frau verheiratet, deren Haltung zum Berg dieselbe ist wie seine, ihr Name ist Christine. Vermutlich würde es mit der Liebe zwischen den beiden anders gar nicht funktionieren. Sie hat im Hotelfach gearbeitet und in der Hotelfachschule unterrichtet. An zwei Abenden in der Woche gibt sie Kurse im Aquajogging, sie führt Touristen durch Pontresina, St. Moritz oder über ein Gletschervorfeld, an dessen Beispiel sie den Klimawandel erklärt. Sie erklärt auch die Pflanzen des Engadins mit Hilfe eines Buchs, ausgeschlossen, sie alle im Kopf zu behalten. Sie weiß, wo man am besten Steinwild und Murmeltiere beobachten kann.

Das Einzige, worüber die beiden regelmäßig in Streit geraten, ist das Fleisch der Tiere, die Marco Salis auf der Jagd schießt. Es füllt die Gefriertruhe bis obenhin, doch Marco Salis möchte nichts davon verkaufen. Die Familie soll es essen. Seine Frau sagt: «Wir kommen damit gar nicht hinterher.»

Im Moment betreut Christine Salis eine Familie aus Dubai. Man kennt sich aus dem vergangenen Sommer, eine Frau mit vier Kindern, der Vater kommt nach, eine Grippe hält ihn im Bett fest. Gestern waren die Kinder bei ihr zu Besuch, sie haben gemeinsam Blumengestecke gebastelt. Betrachtet man Christine Salis' Wochen, gibt es darin selten einen Tag, an dem sie keinen Termin hat.

Am Wegesrand ein älterer Herr, gelehnt an einen Fels. Sein Kopf ist rot, er keucht mehr, als dass er atmet. Seine Gelenke, sagt er, seien siebzig Jahre alt und Ostdeutschland gewöhnt, sie machten diese Tortur nicht mit. Gestern sei er knietief im Schnee versunken. Jetzt kehre er um.

So etwas passiert andauernd im Gebirge. Die Menschen überschätzen ihre Kräfte. Sie leben das Jahr über im Flachland, bis sie im Sommer für zwei Wochen in die Alpen fahren. Weil sie viel Geld für ihren Urlaub bezahlt haben, wollen sie alles rausholen aus der Zeit. Sie nehmen am ersten Tag die Seilbahn, die sie auf über dreitausend Metern absetzt. Dann laufen sie los, wie aufgezogen. «Manche», sagt Marco Salis, «besteigen sofort den Piz Bernina.» Ihre Körper kapitulieren, weil sie sich keinen einzigen Tag an das Klima gewöhnen durften.

Gefährlicher noch ist es im Winter. Die Menschen wissen nicht, wie das Wetter gewesen ist, bevor sie eintrafen.

Ob es geschneit hat oder gestürmt, aus welcher Himmelsrichtung der Wind blies. Aber bei Skitouren ist das wichtig. Marco Salis sagt: «Der Wind ist der Baumeister der Lawinen.» Er schiebt den Schnee vor sich her, er türmt ihn meterhoch auf und überlässt ihn der Sonne. Oft, dass Menschen, die eine Lawine unter sich begraben hat, als Klumpen Fleisch wieder herauskommen.

«Ich erkenne jede Schneeverfrachtung», sagt Marco Salis. Markante Striche an Hängen und Flanken, gezogen wie mit einem Lineal.

Über die Berghänge gleiten Wolkenschatten, ansonsten tiefes Blau. Auf der Terrasse des Berghauses Diavolezza, das besser Restaurant Diavolezza heißen müsste, sitzen Menschen vor einer Glasfront an Tischen. Sie warten auf ihr Essen. Eine Portion Rösti mit Lachs kostet knapp dreißig Franken. Das Berghaus vermietet auch Zimmer, für zwei oder mehr Personen, inklusive Frühstück und Vier-Gang-Menü. Nachts kann man im Outdoor-Jacuzzi liegen, dem höchsten Europas, und Sterne anschauen oder sonst etwas tun. Marco Salis lag noch nie darin. «Mich reizt das nicht», sagt er. Im Grunde hat sich der Komfort auf dem Berg breitgemacht. In dieser Hinsicht ist der Unterschied zwischen oben und unten aufgehoben.

Die Seilbahn fährt alle dreißig Minuten auf die Diavolezza, außer zwischen zwölf und dreizehn Uhr. Dieses Mal fällt eine Gruppe Japaner aus ihr. Die Japaner tragen Halbschuhe derselben Art, die sie wahrscheinlich auch in Rom und Paris getragen haben, dazu burberrygemusterte Hüte und Jacken, die dem Wind nicht standhalten. Sie stolpern über den Berg, als hätten sie ihn bislang nur in Reiseprospekten bestaunt, aber nie unter ihren Füßen gespürt. Nichts wissen sie mit ihm anzufangen. Ihre Überforderung bekämpfen sie mit Technik, die sich wie eine Wand zwischen ihnen und der Welt auftürmt. Was sie mit nach Hause nehmen ist ein Foto, kein Gefühl. Es gibt kein schöneres Bild dafür, was Fremdheit bedeutet.

Der Abstieg ins Tal führt eine steile Skipiste hinunter. Ihre ersten paar hundert Meter schützt die Gemeinde mit einer Folie, damit die Sonne nicht am Eis zehrt. Jetzt, weit nach Mittag, fühlt sich der Schnee an wie Matsch. Als liefe man Schlittschuh gegen Widerstand. Über den Berg erstrecken sich fünf Pistenkilometer. Maschinen formten seine Oberfläche und bändigten sie, jetzt bringt sie Geld. Seither wird der Berg daraufhin untersucht, wo er sich noch optimieren ließe. Den See unterhalb des Gipfels schaufelt ein Bagger aus, damit er in Zukunft mehr Wasser speichern und die Beschneiungsanlagen füttern kann, die das Gebirge überall zustellen. Und da ist die Nordostwand der Corn Diavolezza, gelegen auf 2900 Metern. Sie neigt sich um siebzig bis neunzig Grad. Es braucht fünftausend Kubikmeter Gletscherwasser, sie in Eis zu verwandeln, an dem Menschen dann auf unterschiedlich schwierigen Routen hinauf- und hinunterklettern können, was zwischen zwei und dreieinhalb Stunden dauert. Jedes Jahr im April klettern Profis um die Wette.

Der Alpinismus ist mittlerweile eine Trendsportart. In jedem größeren Ort eröffnen Kletterhallen und bieten Familienkurse an. Marco Salis sagt: «Viele halten sich für Alpinisten.» Die Leute reisen gern ins Gebirge, das mit markierten und gesicherten Wegen zu zahlreichen Gipfeln präpariert ist, als handle es sich um einen gigantischen Freizeitpark. Es ist der Versuch des Menschen, die Natur zu beherrschen, indem er sie klein hält.

Alles beginnt damit, dass Eltern ihre Kinder mit drei Jahren auf Skier stellen, was allein kein Problem wäre. Das Problem ist die Ausrüstung. Die Kinder bekommen Rückenpanzer umgeschnallt, ein Schutz für die Ellbogen, einen für die Knie, dazu spezielle Handschuhe. So stürzen sie sich die Piste hinunter. Mit sieben, acht Jahren fühlen sie sich unverwundbar. «Sie wissen nicht, wie es ist zu fallen. Sie haben nie gelernt, was weh tut», sagt Marco Salis.

Früher wunderte man sich, wie es die Sandalenträger bis ins felsige Gelände geschafft hatten, ohne abzustürzen. Heute wundert man sich, dass viele Alpinisten unter der Last ihrer Ausrüstung nicht zusammenbrechen. Sie beladen ihre Körper mit Unmengen Titan und Polyamid. Sie kaufen Steigeisen, da es in der Werbung hieß, mit genau diesen Steigeisen sei die letzte Weltmeisterschaft im Eisklettern gewonnen worden. Am Ende sind sie eins mit ihrem Material. Als gepanzerte Ritter ziehen sie gegen die Natur in den Krieg.

Den, der sie trägt, wiegt die Rundumausstattung in Sicherheit. Aber das ist eine Illusion, und diese Illusion beflügelt den Leichtsinn. Deshalb passieren in den Alpen so viele Unfälle. Marco Salis sagt: «Die Menschen achten nicht auf die Zeichen der Natur.» Lange schon, dass sie sie nicht mehr lesen können.

Er sagt: «Der Berg macht mich bescheiden. Er zwingt mich, Maß zu halten, und zeigt mir meine Grenzen.» Setzt er sich ihm aus, dann stets bereit, seine Pläne über den Haufen zu werfen. Sei es, dass die Natur nicht mitspielt und ihn zum Umkehren zwingt, oder der eigene Körper. «Nur die Waghalsigen», sagt er, «fordern die Natur heraus.» Kämen sie davon, hätten sie Glück. In den Bergen ist ihm bislang nichts Ernsthaftes zugestoßen, nur einmal, beim Jagen, verlor er den Halt, rutschte über einen Hang und zog sich ein paar Schrammen zu. Von seinen Freunden aber musste er viele beerdigen.

Der Wind weht jetzt von Westen her, stärker als auf dem Gipfel. Es kostet Mühe, einander zu verstehen. Jeder Höhenmeter verändert die Landschaft, die eben noch Fels und Geröll war und auf einmal Wiese ist. Darauf Inseln von dunkelroten Bergrosen.

Oft ziehen Wanderer alleine los, manchmal verschwinden sie für immer. Sie knicken um, verirren sich, stürzen ab. Vergangenes Jahr Ende Juli zum Beispiel, ein Rentner, unterwegs mit seinem Handy, aber ohne Empfang. Als die Nacht hereinbrach und er fehlte, informierte seine Frau die Rettung. Die suchte mit Hubschraubern, Nachtsichtgeräten und Hunden. Den Vermissten fanden sie nicht, bis heute. Als hätte ihn der Berg verschluckt. Gut möglich, dass er ihn irgendwann wieder freigibt, vielleicht in fünf, vielleicht in zwanzig Jahren. Ein Rest Mensch.

Marco Salis rückte in den vergangenen vierzig Jahren zu weit mehr als tausend Einsätzen aus. Um fremde Leben zu retten, riskiert er sein eigenes. «Das ist mein Beruf», sagt er. Auf dem Berg könne man eben in Schwierigkeiten geraten. Warum, interessiert ihn nicht, es würde ja nichts ändern. Keine Wut, höchstens mal ein Kopfschütteln. Sein Lohn ist die Dankbarkeit der Geretteten. Und deren Übermut kann sie teuer zu stehen kommen. Im Gegensatz zu Italien gilt in der Schweiz das Verursacherprinzip. Das bedeutet, dass derjenige, der den Unfall verschuldet hat, die Kosten seiner Rettung bezahlen muss, sofern er nicht versichert ist. Mehrere tausend Franken sind da schnell zusammen.

Vor ein paar Wochen wurde Marco Salis zu einem Einsatz gerufen. Eine Gruppe Alpinisten erklomm im Bergell einen steilen Schneehang. Sie schossen Gipfelfotos, aßen eine Kleinigkeit, stiegen wieder ab. Allerdings ohne Seil. Einer von ihnen rutschte aus und den Hang zweihundert Meter hinunter. Weil der Oberkörper schwerer als der Unterkörper ist, drehte er sich währenddessen und schlug mit dem Kopf auf einen Stein auf. Er war fünfzig Jahre alt. Sieben Tage später starb er im Krankenhaus.

## Dank

Am Ende mein Dank an alle, ohne die es keinen Anfang und dieses Buch nicht gegeben hätte: an Verena Kloft, die nie von meiner Seite weicht, Marcus Jauer für sein kritisches Lesen und Denken, die vielen Gespräche, vor allem aber den Mut in mutlosen Stunden, Paul Ingendaay, der zur rechten Zeit da war, Druck ausübte und half in allen Dingen, Frank Schirrmacher für sein großes Vertrauen, Andreas Kilb für seinen Zuspruch von Beginn an, Jürg Altwegg, Ratgeber in vielem, Michael Solomicky, der seinen Blick auf die Berge mit mir teilte, Dirk Vaihinger und dem Verlag Nagel & Kimche für die großartige Zusammenarbeit, Klaus Weyrauch für sein unermüdliches Nachfragen beim wöchentlichen Mittagessen, Markus Wolff für die Pons, meiner Mutter für ihre Unterstützung, Helga Hildebrandt für ihre Sorgsamkeit. Ich danke Giorgio Hösli von der Zalp für die Wehrlis, Andreas Bardill von der «Alpine Rettung Schweiz», Felix Aschwanden, Andrea Stultiens für ihre Neugierde, Agnes Jauch, der geduldigsten Person, der ich je begegnet bin. Ich danke allen, die mich in ihr Leben blicken ließen, die nicht müde wurden, es zu teilen, und so auch meins berührten. Und Ralf Hildebrandt, ohne den dieses Buch so nicht geschrieben worden wäre.

Eugen Sorg, Nathan Beck

**Unbesiegbar**

Reportagen. 208 Seiten, 4/4-farbig, gebunden

ISBN 978-3-312-00400-3

Eugen Sorg und Nathan Beck reisten für ihre Reportagen in die Bürgerkriegsgebiete an den Rändern der westlichen Welt, nach Afghanistan, Somalia, Liberia, in den Jemen und nach Kolumbien. Sorgs Berichte, begleitet von den eindrücklichen Bildern Becks, erzählen von Urszenen der Politik: vom tödlichen Konflikt zwischen jahrtausendealten Stammesgesellschaften, Verbrecherbanden und religiösen Erweckungsbewegungen auf der einen und modernem staatlichen Ordnungsanspruch auf der anderen Seite. In ihrer erschütternden Direktheit sind diese Reportagen genau beobachtet, plastisch erzählt und zugleich eine Reise ins Herz der zivilisatorischen Finsternis.

«Gute Reportagen sind so, wie man sie in diesem Buch zu lesen bekommt.» Carl-Wilhelm Macke, *Süddeutsche Zeitung*

Jürg Altwegg, Roger de Weck (Hg.)

**Kuhschweizer und Sauschwaben**

Schweizer, Deutsche und ihre Hassliebe

320 Seiten, französische Broschur

ISBN 978-3312003150

Die Deutschen lieben das Bankgeheimnis und das Tessin, die Schweizer aber nehmen sie nicht so ganz ernst. Umgekehrt werden die Deutschschweizer in ihrem Hass auf den ‹Großen Kanton› gerne deutlich. «Weltmeister wurde zum Glück Brasilien», titelte vor Jahren die *Weltwoche* mit Häme über den Nachbarn, deren Bundesliga, TV-Krimis und Show-Politik täglich das kleine Land überfluten. Adolf Muschg, Klaus Harpprecht, Dietrich Schwanitz, Hugo Loetscher, Hanna Johansen, Gunhild Kübler, Christoph Vitali und andere erörtern die Beziehungen der beiden Länder in den Bereichen Literatur, Sprache, Theater, Kunst, Sport, Politik und Medien und verbinden die provokanten Ergebnisse mit ihren ganz persönlichen Erfahrungen.

«In dieser Anthologie wird dem Ressentiment der Stachel gezogen.» *Schweizer Illustrierte*

N & K

Charles Ferdinand Ramuz

**Die große Angst in den Bergen**

Aus dem Französischen von Hanno Helbling

Mit einem Nachwort von Beatrice von Matt

Roman. 160 Seiten, gebunden

ISBN 978-3-312-00445-4

Zwanzig Jahre nach einem schrecklichen Unglück beschließen die Einwohner eines Walliser Dörfchens, ihr Vieh wieder auf die Alp Sasseneire am Gletscher hinaufzuschicken. Nur den Alten im Dorf steht die Katastrophe von einst noch lebhaft vor Augen. Sie warnen. Aber die Gemeindeversammlung beschließt, die Weide endlich wieder gewinnbringend zu nutzen. Nach der Schneeschmelze ziehen sieben Sennen hinauf. Bald aber bricht eine Seuche aus, die Sennen erliegen einer nach dem andern der Angst oder verfällt dem Wahnsinn. Mit unheimlicher Magie erfasst dieser 1926 erstmals publizierte große Bergroman seine Leser und zwingt sie zum unmittelbaren Erleben einer archaischen Tragödie.

KOLLEKTION

NAGEL & KIMCHE

*Herausgegeben von Peter von Matt*